最强大脑训练丛书

出奇的判断

顾澄华 编著

郑州大学出版社

郑州

图书在版编目(CIP)数据

出奇的判断 / 顾澄华编著 .—郑州：郑州大学出版社, 2016.10

（最强大脑训练）

ISBN 978-7-5645-2959-8

Ⅰ. ①出… Ⅱ. ①顾… Ⅲ. ①智力游戏—少儿读物 Ⅳ. ① G898.2

中国版本图书馆 CIP 数据核字 (2016) 第 053992 号

郑州大学出版社出版发行
郑州市大学路40号　　　　　　邮政编码:450052
出版人:张功员　　　　　　　　发行部电话:0371-66658405
全国新华书店经销
北京柯蓝博泰印务有限公司印制
开本:660mm×940mm　1/16
印张:10
字数:117 千字
版次:2016 年 10 月第 1 版　　印次:2016 年 10 月第 1 次印刷

书号:ISBN 978-7-5645-2959-8　　定价:28.00 元

本书如有印装质量问题,请向本社调换

前　言

　　这世界上很多事情都超乎我们的想象，智慧的人会先发制人地做出判断，这是一种能力，也是一门艺术，古代历史人物中这种能的人力真的可以达到出奇制胜的效果。

　　有些时候我们会想，现在呈现在我们面前的一切是真的吗？其实事情难免存有假象，只要我们通过理智去辨别，还是能够从细节中看出端倪的。

　　人生中，一件小事，一个决定，往往会影响我们的一生，但是如果我们能够在做决定前理智地进行判断，那么事情就不一样了。很多事情都会在理智判断以后得到真实的效果，让我们在看清一切以后进行有效的自我调整，活出最为优秀的自己。

　　在我们的生活中，其实也会遇到一些神奇的事情，而这些事情如果遇上出奇的判断那就再好不过

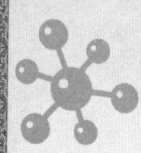

了。其实，不需要过多语言的表达，把心思放在心里，跟自己说清楚，生活就会显得不一样。在这本书里，每一个故事都是精心挑选的，故事里的人用自己的机智和聪明，在遇到困难和考验的时候做出了出奇的判断，最终使难题迎刃而解，值得我们去学习。

　　我们真诚地希望，爱看书的你能够从中获益，从此能够利用自己的聪明才智判断真伪，更好地经营生活，思考问题，相信没有什么难题能够难倒你。你就是最好的自己。

目 录

第一章 声东击西——利用对手错误的判断············ 1
  1. 30 里扎营解围 ································· 2
  2. 孙膑围魏救赵 ································· 5
  3. 美女图退敌 ··································· 8
  4. 佯攻巨里城 ··································· 11
  5. 红头巾包树桩巧逃生 ··························· 14
  6. 张飞智擒刘岱 ································· 16
  7. 陆逊顺利脱困 ································· 19
  8. 真假军粮 ····································· 22
  9. 狄青暗取昆仑关 ······························· 24
  10. 无中生有的三十万大军 ······················· 27
  11. 岳飞的离间计 ······························· 29
  12. 班超 ······································· 32
  13. 韩信活捉魏豹 ······························· 35

第二章 明察秋毫——从蛛丝马迹中发现真相············ 38
  1. 子产凭借哭声断案 ····························· 39
  2. 宝剑定遗产 ··································· 41
  3. 薛宣割黄绢断案 ······························· 43
  4. 箕子见微而知著 ······························· 45
  5. 张宝称重断数量 ······························· 48
  6. 神灵相助得胜利 ······························· 50
  7. 与死人对话 ··································· 52
  8. 汉景帝设宴款待周亚夫 ························· 54

9. 焚猪定真假 …………………………………… 56
　10. 羊皮说话辨主人 ……………………………… 58
　11. 丢失的状纸 …………………………………… 60
　12. 董行成路上识小偷 …………………………… 63
　13. 神色泄露天机 ………………………………… 66
　14. 三家分晋 ……………………………………… 69

第三章　逆向判断——出其不意攻其无备……………… 72
　1. 价值五张羊皮的大贤人 ……………………… 73
　2. 死后妙计擒刺客 ……………………………… 76
　3. 坐山观虎斗 …………………………………… 79
　4. 李牧装胆小退匈奴 …………………………… 82
　5. 韩信背水一战 ………………………………… 85
　6. 张良封侯计 …………………………………… 88
　7. 李广阵前空城计 ……………………………… 91
　8. 假犯人 ………………………………………… 94
　9. 狄青掷铜板稳军心 …………………………… 97
　10. 郑堂烧画擒贼 ………………………………… 100
　11. 度尚火烧军营 ………………………………… 103
　12. 刘坦开城惑敌 ………………………………… 106

第四章　深谋远虑——判断要将眼光放长远……………… 109
　1. 管仲妙计过鬼泣谷 …………………………… 110
　2. 周亚夫以静制动 ……………………………… 112
　3. 曹操隔岸观火 ………………………………… 115
　4. 诸葛亮锦囊妙计 ……………………………… 118
　5. 贾诩神断退敌军 ……………………………… 122
　6. 曹玮坐等敌人 ………………………………… 125
　7. 徐渭送船 ……………………………………… 128
　8. 连环三计保城池 ……………………………… 131
　9. 萧何月下追韩信 ……………………………… 133
　10. 设宴款待小偷 ………………………………… 136
　11. 刘备三顾茅庐 ………………………………… 139
　12. 管鲍之交 ……………………………………… 142
　13. 木偶皇帝 ……………………………………… 145
　14. 曹刿论战 ……………………………………… 149
　15. 萧何收存典籍 ………………………………… 152

第一章

声东击西

——利用对手错误的判断

生活中有许许多多需要大家做判断的事情和时机，我们都希望做出正确的判断，但有些时候，我们应该更灵活地思考，利用对手错误的判断和追求自己正确的判断同等重要。在这一章，我们将一起走进声东击西的故事，大家可以看到在这些故事中那些成功者是如何巧妙地创造机会，迷惑对方使对方按照自己的想法陷入错误的判断之中，从而取得胜利。声东击西最重要的就是要做得真实，这本身也是判断的一种，如何让对方掉入自己准备好的陷阱之中呢？让我们一起去看看吧。

30 里扎营解围

秦昭襄王三十七年的时候,赵国的边城阏与受到秦国的攻击,阏与的守兵无法抗击,很快就陷入了围困之中。赵国的国君赵王在都城邯郸收到这个消息之后,立即派大将军赵奢带领队伍前去解救。赵奢出发的这天天气非常好,士兵们也是斗志昂扬,军队所过之处尘土飞扬。

突然间,行进的队伍收到了一个命令:"将军命令,全部士兵停止前进,就地扎营休息,等候进一步命令。"传令兵的话音刚落,士兵间一片哗然,因为这才刚刚离开都城 30 里地左右,大军根本不累,也不需要休息,更何况阏与危急,本该一刻也不耽误才对。但是想归想,这支队伍毕竟训练严谨,一听到命令,长长的队伍马上停止了前进。

不过其中难免有一些性子火暴的,听说刚刚行军一个小时就就地扎营不再前进纷纷表示不满。这时,传令兵骑着高头大马在队伍中巡视传达道:"将军有令,有谁再敢对军令提出异议,不服从命令的,就如此人。"说着高高举起手中血淋淋的头颅。

士兵们马上认出,被杀的正是刚刚冲进军帐质问赵奢为什

么不继续进军阏与的旗牌官。看到这个景象,大家都安静下来,谁也不敢再提解救阏与的事情,都安心休息,等待进一步的军令。

没想到,大军这样一停竟然停了整整 28 天,赵奢每天命令士兵们增修堡垒,加固军营,看起来完全是一副要在此地长期驻扎的意思。军中一些士兵虽然心里对这个状况十分不满,但是军令如山,也就都忍耐着。在这种情况下,一天,士兵们抓到了一个前来刺探军情的秦军奸细。

忍耐许久的士兵们终于找到了一个可以出气的机会,恨不得将这个秦兵凌迟处死。但是,刚刚带到军营门口,就遇到了在军中巡视的赵奢,赵奢命令士兵将秦军奸细带到他的中军帐中。这个奸细早就已经做好了必死的准备,被带到赵奢的面前也毫不畏惧。但是出乎他意料的是,赵奢并没有审问或者下令杀掉他,反而命令士兵摆起筵席,热情地款待了他。最后还亲自将他送出军营。

就在士兵们对此疑惑不解的时候,赵奢却立即下了全军全速赶往阏与的命令。压抑了许久的士兵们一听到这个消息无不欢欣鼓舞,只用一天一夜的时间就赶到阏与附近。这时候一个叫许历的人再也按捺不住,找到赵奢建议:"将军,我军神速赶到,秦军未必能够料到。但是现在士气太过旺盛,将军最好还是加强防守。"

赵奢采纳了他的意见。这时候许历又说:"我违反了将军所说的不许提建议的命令,还请将军惩罚。"

赵奢笑了笑说:"那个之后再说,你现在说说还有什么好的建议?"

许历又说:"我认为,我们想要取得胜利,要首先占据阏与北边的山头,这样就可以争取到这场战争的主动权。"赵奢再次采纳了他的意见。根据许历的建议，赵奢组织一万名士兵抢占了北边的山头，利用地形上的优势，大举向秦军发起了猛攻，秦军根本没有料到赵奢的前来，无法招架，很快阏与就被解救了。

问题和思考

既然赵奢想要解救阏与，为什么会在刚刚离开都城的时候就扎营呢？赵奢不许部下提出建议，又为何采纳了许历的建议呢？你知道他是如何做出判断的吗？

答案和解析

其实，赵奢在战后特意向赵王为许历请功，赵奢不是不许部下建议，只是他选择30里扎营自有用意，士兵们必须服从，以免引起军心涣散，所以才采取了这个方法。选择刚刚离开都城30里就扎营，后来又放走了前来刺探军情的秦国奸细，都是为了迷惑秦军，让秦军认为赵奢不会前去解救阏与，这样秦军就会放弃对赵奢的防备，赵奢的军队才可以神速赶往阏与。而且阏与虽然被围，但是里面粮草充足，支撑几个月根本没有问题，所以赵奢才会特意布置下这么个声东击西的计策，使秦军做出错误的判断，从而轻松地取得了这场战争的胜利。

孙膑围魏救赵

很多喜欢看历史故事的人都知道孙膑和庞涓的故事,二人同样是鬼谷子的传人,因为跟随不同的人,而最终一定要拼个你死我活,这是战国时期最为常见的故事,但也同样很多判断的智慧。围魏救赵就是其中最广为流传的一个故事。

孙膑和庞涓虽然是同门师兄弟,但是庞涓的能力比起孙膑却有很多的不足,因此心中难免有些妒忌。开始的时候,庞涓在魏国当差,很是风光,没有想到的是在他正得意的时候,魏王也听说了孙膑的才能,于是想要用重金礼聘他来为自己做事。孙膑的到来给了庞涓很大的危机感,于是他利用自己当时远远大于孙膑的权力,设计剜去孙膑的膝盖骨,使他成了永远的残疾。魏王还在孙膑的脸上刺字来羞辱他。孙膑只好装疯来保全自己的性命,果然庞涓对已经疯掉的孙膑放下了戒心,孙膑于是趁机联系了齐国的使者,并被其救到齐国。

孙膑当然想要复仇,但是他懂得隐忍,把握最好的时机再出手。正在这个时候,魏国为了报赵国夺走自己中山的仇恨,派出庞涓前去攻打赵国的中山。庞涓于是趁机进言,说中山只是弹丸之地,不值得大军前往,不如直接攻打赵国的都城邯郸,

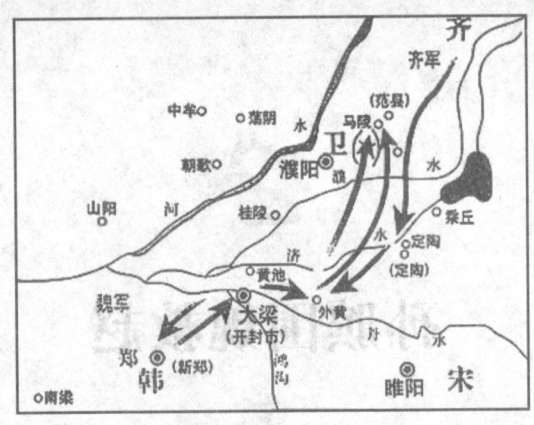

直接灭掉赵国。魏王听了之后觉得这可以成为成就自己霸业的开始，就答应了庞涓的要求，调拨了整整五百战车供庞涓遣用。庞涓虽然不如孙膑，但也算得上是名将，加上赵国原本实力就不强，所以很快就支撑不住了。

被逼无奈之下，赵国只好派出使者向齐国求救，许诺脱困之后就将中山之地送给齐国。齐威王接到这个消息之后很高兴，知道孙膑和庞涓曾是同学，对彼此的性格和用兵方法都比较了解，就想任命孙膑为将，带领军队前去。孙膑也深知自己复仇的时刻已经到了，但是越是这样，他越是要保持清醒的判断，于是拒绝了齐威王的任命，转而要求任命田忌为将，自己作为军师一同出发。齐威王同意了，交代田忌要多听从孙膑的建议。

大军急速前进，很快就到了魏国和赵国的交界之处，田忌看到形势紧急，就想要马上进军赵国的邯郸。孙膑制止了他的行为。孙膑建议大军直接攻击魏国，同时在从赵国赶往魏国的途中布下了大量的埋伏。田忌依计行事，果然魏军听说自己的都城被赵国攻打，马上班师解救，没想到中途却中了赵军设下

的埋伏。庞涓也被逼自刎，孙膑终于在证明自己实力的同时报仇雪恨，并且留下了一段围魏救赵的战争传说。

问题和思考

你知道孙膑是怎样做出这些正确判断的吗？想一想整个故事中有几处能够说明孙膑聪慧机敏的地方呢？

答案和解析

其实这个故事中的闪光点不止一处，不知道大家有没有发现。开始的时候，孙膑冷静判断，制止了齐威王对自己的任命，是因为他考虑到庞涓一定对自己很是防备，如果自己是将军，那么后面不管是什么计策都不见得会让庞涓上钩。因此他选择为长远考虑，忍而不发，就像他当初装疯卖傻以求活命一样。后来之所以没有听从田忌的想法直接进攻邯郸，是考虑到此次攻打赵国，魏国几乎派出了所有的精锐力量，那么本身都城一定非常空虚。如果自己派人攻打魏国，庞涓势必要回去解救，在路上设下埋伏，魏军一路急着往回赶，一定是人马疲顿，所以警惕性会降低，埋伏的胜算也就很大。

看起来孙膑似乎没有去解救眼前陷于危机之中的赵国，这是因为他知道作战和下判断都不能只看眼前的情况，赵国的危机不代表不能利用其他办法解决，声东击西不但可以顺利地营救赵国，还可以收到一劳永逸的效果，就像故事中庞涓被逼自杀，孙膑永远地除去了这个忧患。所以大家一定要在生活中多观察，多思考，才能做出最准确的判断。

美女图退敌

汉高祖七年的时候,虽然中原已经全部稳定了,但是匈奴仍旧不时来犯。这一年,匈奴冒顿单于更是亲自率领 40 万人马前来攻打中原,一路上杀烧抢掠,一直打到了太原,将晋阳团团围住。晋阳向朝廷求救,汉高祖刘邦亲自率领大军前来对抗,一路上竟然所向无敌,解救了晋阳之后,更是将匈奴一步步逼了回去。汉高祖刘邦看到胜利的景象十分高兴,同时也非常想要大举进攻,永绝后患。

于是他派出士兵出去侦察匈奴军队的情况,回来的人都说匈奴的部下大多都是老弱病残之辈,马匹也很瘦,根本不足以忌惮。刘邦为人很谨慎,听了回报也不是很放心,就派出奉春君刘敬去匈奴那里谈判,实际上是为了让刘敬更进一步确认匈奴的底细。

刘敬回来之后禀告刘邦:"我看到的景象和之前侦察的人看到的也是一样的,匈奴看起来不堪一击。但是,我认为这一定是匈奴故意示弱给我们看,好诱导我们。如果不是这样的话,凭着这样老弱病残的薄弱军队怎敢来攻打我们中原呢?请陛下三思而行。"刘邦听了刘敬述说看到的情况与之前的侦察没什么区别,就想着既然大家看的一样还担心什么,刘敬一定是胆小怕事，于是他将刘敬关进了监狱后就急急带着一队骑兵追击匈奴去了。

没有想到的是，刘邦追到平城的时候，四周突然出现了40万匈奴大军，而且个个都是兵强马壮，哪里有老弱病残的样子？刘邦这时候才悔不当初，只好率领部下杀出一条血路，退到平城东边的白登山上。白登山地势险峻，匈奴虽然人多，但是想要攻上来也是非常不容易的。久攻不下的情况下，匈奴冒顿单于派几万人将白登山围住，剩下的三十几万兵马则兵分几路，拦截前来营救的汉军。刘邦虽然暂时安全了，但是白登山上没有粮草，救兵也都被拦截了，刘邦他们坚持不了几天。

等到第四天的时候，刘邦和陈平照例向山下张望，突然看见一个女骑兵在路上奔驰，打听之下才知道冒顿单于在打仗的时候也将自己的王后带来了。陈平突然想到了一条妙计。

第二天，陈平派一个使者前去见匈奴王后，使者带了许多金银珠宝，一路上买通了许多匈奴士兵，很快就见到了匈奴王后。使者恭敬地献上了大批的金银珠宝，又将一幅美人图呈献给匈奴王后说："我们皇帝已经知道了匈奴军队的厉害，有意讲和，皇上害怕匈奴大王不肯退兵，于是准备将我们中原最漂亮的女子献给匈奴大王，这幅就是她的画像。"

匈奴王后展开画像一看，只见画像上的女子，眉似柳叶，面如桃花，芊芊玉手，杨柳细腰，双目顾盼多情，真的是勾魂摄魄。匈奴王后自己都看得痴了。但她突然间感到心中一惊，如果这个中原最美的女子被献给了单于，那么自己岂不是要被大王冷落了？于是她对使者说："请转告中原皇帝，说我自然会劝说单于退兵，不需要呈献女子给单于。"当晚匈奴王后就成功地劝说了冒顿单于，汉军又付出了大量的金银珠宝，终于使得刘邦得以解救。刘邦一回来就将刘敬从监狱中放了出来，加封为关内侯，对于陈平更是称赞不已。

问题和思考

仔细想一想，陈平是根据什么做出这个判断的呢？陈平最后采用的又是怎样的计策呢？

答案和解析

陈平采用的是声东击西之计，表面上让使者告诉匈奴王后刘邦想要向冒顿单于呈献中原最美丽的女子，事实上是为了让匈奴王后产生危机感，进而劝匈奴冒顿单于退兵，从而解决刘邦现在面临的困境。他之所以做出这样的判断是因为女子天性善妒，更何况在古代，虽然贵为王后，但是一旦离开匈奴大王的宠幸，就没有任何地位，所以匈奴王后一定会帮助刘邦劝冒顿单于退兵的。

佯攻巨里城

东汉光武帝建武五年的时候,张布在东部建立起了自己的势力,于是光武帝刘秀派耿弇去攻打。耿弇知道想要攻克张布,首要的消灭是他的部将费邑。费邑这个人虽然只是一个部将,但是为人老谋深算,用兵谨慎,他坚守的力下城本身易守难攻,城内粮草充足,想要直接攻克十分困难。

耿弇马上召集自己的部下开会商量作战方案。大家纷纷发表观点,考虑到费邑本人的谨慎以及现在两军的形势,最后决定用引蛇出洞的方法,将费邑的军队引出力下城,加以围攻。但是,要如何才能引蛇出洞呢?耿弇开始了一系列的部署。

再来说费邑这边,他为人谨慎的评语也不是白来的,看到耿弇带兵前来,知道对方是个劲敌,不可小觑,因此只是屯兵在力下城,决定静观其变,等到时机合适时再出击。他命令自己手下的部队,日夜加固工事,做好长期坚守的准备。同时也派出一些人随时留意耿弇的动向。

一天,费邑正在自己军中巡视的时候,一位偏将前来禀告,说一批俘虏从耿弇那里逃了回来,并且带回了耿弇准备攻打巨里城的消息。巨里城的守将是费邑的弟弟费敢,费邑断定耿弇一定是利用他们兄弟之间的深厚情谊,引诱自己出兵巨里城,调虎离山。所以只是吩咐偏将不要轻信俘虏的话,严格封锁消息，不要让流言散布。同时，他也十分担心万一攻打巨里城的消息是真的，弟弟费敢那里势必不能抵抗，所以赶紧派出密探打听耿弇最近的举动，随时回报。

几天之后，回来的密探前来禀报，耿弇果然已经将大部分兵力云集在巨里城外。并且每天命令士兵砍伐树木，准备填塞巨里城外的战壕，攻城的其他准备工作也都在有条不紊地部署着，云梯等攻城必备的器械都已经准备好了，看起来军队随时有可能出兵攻打。

费邑心里也开始怀疑，也许耿弇想要先攻打力量较弱的巨里城，来一点点瓦解自己方面的兵力，但是仍旧不动声色地下命令道："这些肯定都是耿弇为了引我出兵制造的假象，不必理会，传令给所有士兵，继续修筑工事，囤积粮草。"

费邑其实敢这样做，还因为他早就已经在耿弇军中安插了自己的眼线，已经打入了敌人的内部，而那个密探到现在还没有具体的消息传回来。不想，第二日，这个密探就急匆匆地回来向费邑报告："将军，巨里城危急，今天上午我在军中亲耳听到了光武帝刘秀命令耿弇三天后拿下巨里城的圣旨。费敢将军情势不妙啊！"

"真有此事？"费邑也有点坐不住了。

"当然，小人亲耳听到还能有假？如有差错，愿受军法处置。"密探回答得毫不犹豫。

"再等等看。"费邑仍旧有所怀疑，但不得不说他的内心已经开始松动了。这一次，还没有等到三天，费邑就接到了弟弟费敢的求救信，言辞恳切。这下子，费邑再也不敢怀疑了，确信巨里城已经危在旦夕。于是马上整顿军队，亲自率领 3 万大军前去救援。

但是，一离开历下城这个天然的堡垒，加上部队是临时调动的，还没能赶到巨里城，费邑的军队就已经陷在耿弇早早布下的重重陷阱之中了。

问题和思考

你知道这是怎么回事吗？耿弇是怎么判断费邑一定会出城营救的？

答案和解析

大家肯定已经看出来了，一直以来耿弇攻打巨里城都只是假象，目的仅仅是为了引诱费邑出来。之所以做出这样的判断，是因为在遇见强劲而谨慎的对手的时，一定要细细部署，声东击西，等待对方做出错误的判断，对方错误的判断就相当于是自己正确的判断。在故事中，双方其实一直在对峙，都在等待对方判断失误，耿弇虽然制造了种种假象，但是费邑一直按兵不动，如果耿弇这时候放弃的话就会错掉机会。所以他选择一而再再而三地迷惑费邑，利用费邑对密探的信任，对弟弟的担忧来扰乱他的正常判断，本来想要攻打力下城却做出攻打巨里城的样子，声东击西，终于瓦解了费邑的心理防线，使对方做出了错误的判断。这个故事其实也告诉大家，有时候只有自己懂得去做出正确的判断还是不够的，还要懂得利用对方错误的判断，才能够取得胜利。

红头巾包树桩巧逃生

一些很小的故事往往蕴含着很大的道理，当我们看故事的时候，有时甚至觉得它特别简单，但是仔细思考就可以知道其中包含着更为广阔的思想。

公元 191 年，孙坚在梁县遭遇了董卓的部将徐荣，对方人多势众，孙坚当然敌不过，很快就兵败如山倒。慌乱之中，孙坚带着手下几十个精锐人马在徐荣的包围之中拼命突围，终于得以向西逃脱。

但是徐荣怎么可能会放弃这么大一个邀功的机会，于是马上召集手下拼命追赶孙坚。孙坚的几十人马本来强行突围就已经筋疲力尽，哪里还跑得过追兵，眼看逃脱无望，孙坚突然想到一个好办法。

原来孙坚平日里最喜欢在自己的头上包上一块红色的头巾，特别引人注目，这一天也刚好包在头上。他料定徐荣的手下并不一定认得自己，更何况在追上自己之前唯一方便确认的就是这块惹眼的红头巾了。他迅速揭下自己的红头巾，扔给了和自己并排逃跑的将领祖茂，并对他说："把这个红头巾包在

你的头上,给敌人造成你就是我的错觉,等到我顺利脱身之后你再将它扔掉。"

祖茂依命刚刚将头巾包裹在头上,徐荣的大批追兵就直奔着他而来。孙坚悄悄找了个空档,顺利溜掉了。这边戴着红头巾的祖茂看到追兵不约而同地把自己当成目标,不断缩小包围网,觉得情势十分不妙。既然孙坚已经顺利逃脱,他的任务也就结束了,于是他迅速跳下马,将红头巾包在一根被火烧焦的木桩上,自己则迅速隐藏在一片长势良好的草丛里。

徐荣的大队追兵很快就赶到了,远远地看到了红色头巾,他们生怕一不小心惊动了孙坚令他再次跑掉。于是马上将追兵排好队形,里三层外三层地将"孙坚"包围了起来。过了很久,按捺不住的徐荣部下走上前去查看,才发现原来红头巾下只是树桩,而孙坚连影子也找不到了。

气急败坏的徐荣部下纷纷举起兵器将那块红头巾剁得稀碎,气愤地离开了。这时藏在草丛中的祖茂这才悄悄地起身,去追赶孙坚了。

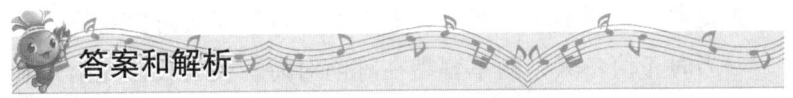

问题和思考

你知道孙坚和祖茂在这里用了怎样的方法顺利脱困吗?想一想为什么这样的方法可以成功?

答案和解析

孙坚和祖茂采用的都是声东击西的方法,既然红头巾是最为显眼的东西，那就用它来吸引敌人的目光，然后自己趁机逃脱。其实我们看这个故事的时候可能会觉得这个故事很简单，也没有什么波折，但是即使是在这样的小故事里，我们都能够看到声东击西的妙用，是不是也说明声东击西这种方法可以让对方产生错误的判断而使自己处于优势呢？既然这种方法又简单又有效，大家在自己的生活中要多多应用哦。

张飞智擒刘岱

三国时期，如果说用计，大家首先想到的肯定是诸葛亮，其次可能会想到周瑜、曹操甚至是其他人。但是大家肯定都不会想到张飞，因为他本身性格就十分暴躁，又是直性子，不会拐弯抹角，战场上无人可敌，但提到用计可能就难为他了。下面我们偏偏说的就是这个性格火暴的张飞智擒刘岱的故事。

当时曹操刚刚战胜吕布，将刘备带回了许都。刘备自然是十分不甘心寄人篱下的，所以只好迷惑曹操借口自己想要截击袁术，趁机逃离了许都。他在打败袁术之后又夺回了徐州，同时说服袁绍起兵反抗曹操。曹操十分生气，一面亲自率领大军迎战袁术，一面不忘派刘岱、王忠二位将领前去讨伐刘备。

当时正值冬天，两军冒雪在阵前对峙。关云长首先出来和王忠交战，几个回合就将王忠活捉回来。张飞看到自己二哥立了头功,十分焦灼,也希望赶紧将刘岱捉回来给哥哥们看才好,于是叫嚷着要去活捉刘岱。刘备知道张飞素来性格鲁莽,担心他轻敌,加上刘岱也是一镇诸侯,所以本不愿同意。但是张飞怎能愿意,叫嚷着定会活捉刘岱。

刘备无奈,只好点了三千兵马交给张飞前去征讨。刘岱早就见识到刘关张三兄弟的厉害,看到是张飞前来,更是闭紧寨门不敢出战。张飞每天在刘岱的寨门前叫骂,却丝毫没有作用。焦躁之下他突然想到了一个计策。

张飞传令全部士兵当晚二更的时候去攻打刘岱的营寨。白天的时候,故意装作轻敌的样子,在营帐里面饮酒作乐,喝醉之后故意找出一个账前军士的小错,将其痛打一顿捆缚在营中,并故意高声骂道:"等到老子今晚出兵凯旋的时候,就用你的脑袋来祭军旗。"说完之后,悄悄指使左右故意将军士放走,这个军士逃走之后越想越生气,就连夜赶往刘岱营中密告张飞想要趁黑劫营的消息。

刘岱看到军士被打得皮开肉绽,又观察他面部神情没有一点说谎的样子,就相信了他的说法。他心里十分高兴,决定暗暗布下伏兵,让自大的张飞有来无回。他于是命令所有士兵全部在寨外埋伏,等待张飞前来。

等到晚上的时候,果然张飞的军队前来劫营,刘岱马上命令士兵们从寨外杀入,但是长驱而入刘寨的却只有30人,他们的目的只是抢先放火。火光四起的时候,突然从邹游两个方向出现两路张飞的人马,围击刘岱的伏兵。刘军一时之间根本没有反应过来,也无法分辨张飞究竟有多少人马,瞬间溃不成军。刘岱亲自带领一支余部突击逃跑,但是却被张飞拦住了去路,只是一个回合,就被活捉了。

刘备看到张飞带着刘岱回来,自然十分高兴,更为高兴的

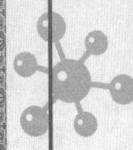

是一向粗鲁的三弟也懂得用智慧判断来作战了。

问题和思考

你知道张飞是怎样做出判断的吗？如果是你的话，你又会选择怎样的方法呢，会不会更巧妙呢？

答案和解析

张飞之所以做出这样的判断是因为刘岱一直坚守不出，是出于对自己的惧怕。所以他故意喝得大醉，使对方放松对自己的戒备。同时利用一个军士传出假的消息，军士受了委屈一定会去刘岱那里告密，他自己也认为这个消息是真的，自然不会有说谎的样子。刘岱虽然可以坚守，但是毕竟无法保证全身而退，所以抓到这样的好机会，一定会集中全部精力设下埋伏。而自己前去劫营的中路士兵只是用来声东击西的，真正的兵力是等待以"火光为号"的左右两路士兵。其实，在刘岱相信了军士带来的张飞声东击西的消息的时候，就已经输给张飞的判断了。

陆逊顺利脱困

公元234年,吴王孙权亲自率领军队向北攻打曹魏,并派诸葛瑾和陆逊前去攻打襄阳,没想到魏明帝曹睿知道孙权声势浩大地前来之后,亲自率领主力奋力抵抗。孙权没有料到会有这么强烈的抵抗,因此有些慌张,急急下令自己手下各路将军将领退军,命令下发之后孙权自己就先率领部分人马撤离了。陆逊收到命令准备撤军之前,派亲信韩扁给孙权送信,不料却在回来的路上被魏军俘虏了。

诸葛瑾知道这件事情之后大惊失色,如果对方知道自己方面匆忙撤军前来阻击,后果将不堪设想。立马修书一封派自己的信服飞速送到陆逊的军帐。陆逊接过诸葛瑾的信,展信读道:"大帝已经率领军队撤退,敌人现在抓住了前来送信的韩扁。我们这里的情况敌人已经了如指掌了。加上现在河水又浅,水路不方便撤退,所以我们一定要赶快撤走!"

这样紧急的一封信,陆逊看完却只是笑了笑,对信使说:"去回复诸葛大人,信我已经看过,详情都知道了。"

送信人对陆逊不慌不忙的态度感到奇怪,因此也随着陆逊走出中军营帐。看到陆逊若无其事地催促自己手下的官兵种菜

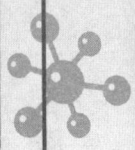

种豆，过了一会儿，又召来了好几名将领，和他们一起下棋、游戏，还商量起一会儿上山打猎来下酒这些事情。送信人虽然疑惑但也不敢多说什么，只是加紧脚程将所见所闻都报告给了诸葛瑾。

诸葛瑾听了这个情况之后，也沉思了一会儿，然后说："陆逊向来足智多谋，做判断更是从无差错，他这样做一定有他自己的道理，我们不必操心便是。"虽然诸葛瑾话说得轻松，但是考虑到情况的紧急还是无法放心，于是他过了一会儿便亲自带人赶往陆逊军营。

陆逊早猜到诸葛瑾会光临，因此将自己的思考一五一十地告诉了诸葛瑾："现在大帝已经领兵撤回，这是敌人已经知道的事情，他们心里再无忧虑，因此会调动全部的兵力来对付我们。敌人占尽天时，我们这方军心原本就有些动摇，如果现在匆忙撤退，一定会军心涣散，而敌人也会认为我们害怕了，会派重兵追击，到时候我们才是真的完了。现在情况越是紧急，我们越要表现淡定，以安稳军心。"诸葛瑾一听恍然大悟，马上恢复了镇定，和陆逊一起订下了撤退的计划。

撤退的这一天，船队的指挥将领由陆逊换成了诸葛瑾，而陆逊则亲自率领全部人马直奔襄阳城，将魏军占领的整个襄阳城团团围住，做出攻城的样子。魏军的守城将领平日里最怕的就是陆逊了，只是偷袭就让他们困扰不已，如今大举攻城更是害怕得不得了，全部龟缩在城内按兵不动。

同一时间，江面上百艘船迎面而上，诸葛瑾指挥着船队策应而来。陆逊这边配合着一挥令旗，大军便不慌不忙地排好战斗队形，声势浩大，令人胆战心惊。魏军看到这水路联攻的架势，哪里还敢迎战。这个时候，陆逊却突然指挥大军追赶船队而去，胆小的魏军们认为这一定是陆逊的计策，自然不敢出城追击，就这样，陆逊的大军没有损失一兵一卒顺利撤退了。

问题和思考

陆逊是如何判断的？他和诸葛瑾最后定下的计策是什么？

答案和解析

就像陆逊对诸葛瑾解释的，如果慌忙撤退一定会引起自己方面军心涣散，敌方更是会马上追击。他故意利用对方错误的判断，和诸葛瑾一起做出水陆两路共同攻城的样子，事实上是为了大军全线撤退。魏军原本就胆小，自己全面攻城的架势一旦摆出，不管做出怎样的举动都会让对方产生自己要攻城这种判断，利用这种错误的判断自然就可以顺利脱身了。所以说，真正的智者是可以操纵他人的心理和判断的，而这也是判断最出奇的地方。

真假军粮

祖狄是历史上一位赫赫有名的刺史,他曾经数次率领军队收复晋朝的江山,取得战功无数。一次,他率领军队与北方羌族的石季龙作战,石季龙在败退的时候掳掠了豫州,并留下自己的战将桃豹镇守这座孤城。

祖狄自然不会放过乘胜追击的机会,于是他派出自己的先锋韩潜进攻桃豹,桃豹也是一名良将,几次战斗下来,两方谁也没有占到便宜,只能在孤城中对峙。韩潜占据了豫州东城,桃豹则占守西城,两队人马各自从东门和西门出入,不时交战也都互有损伤,眼看着这拉锯战打了四十余天,韩潜这边粮草告急了。于是他赶紧向祖狄求助,祖狄也十分焦急,总部的粮草也没有运到,到哪里去找粮草呢?

祖狄细细谋划之后安排士兵们拿出上千只空空的米袋灌满黄土,一袋袋排列在地上,然后又组织了千人的队伍运送粮草,并派精兵护送运输队将粮草运输到韩潜驻守的东城。同时又特意安排几个士兵挑着几袋子货真价实的粮食跟在运输队伍后面,假装十分疲劳的样子在路边休息。

桃豹同样也是缺少粮草,看到这个情况立即避实就虚,放过祖狄大批的运输部队，而去攻打掉队的几名士兵抢劫粮食。那几名"掉队"的士兵看到桃豹的大批队伍立即按照祖狄的吩咐丢弃粮食逃跑。桃军非常高兴地抢走了那些粮食。

桃豹看到粮食自然十分高兴，看到已经连续多日没能好好吃饭的士兵们立即下令烧饭，没想到白花花的米饭刚刚上来就被一部分人抢光了。结果好不容易抢来了几袋粮食，大部分的士兵却连一粒米都没有吃到，一下子军中怨声载道。再加上想到东城韩潜的军队已经获得了大批的粮食，更是没有心思继续打仗了，桃豹看到这个情况自然十分着急，于是马上派人连连催促石勒向这边运粮。

石勒知道这个情况之后，立即筹备了大批的军粮，组织运输队运给桃豹。祖狄早就料到对方会有这样的举动，早就让韩潜等人派重兵在敌人的必经之路上进行拦截，并将大批军粮全部俘获。桃豹等了许久也不见粮食运到，对面的韩潜军队却粮食充足，士气高昂，桃豹自知不是对方对手只好连夜逃跑了。

问题和思考

你知道祖狄是如何判断的吗？想一想，如果是你的话会不会想到更好的办法呢？

答案和解析

祖狄这方无法调来大批粮食，但是敌军却不同，敌军本部相距较近，粮草必然容易调到。所以祖狄想出了声东击西的策略，假装运粮，实际上是为了让桃豹做出错误的判断，以为韩潜这边有大批粮草。而且被掳走的粮食也是为了让桃豹对此深信不疑，同时桃豹抢来的粮食不够分一定会引起桃豹军队的不满，使得桃豹催促总部调粮，自己再设下重重埋伏，这样"假粮食"就可以变成"真粮食"了。

狄青暗取昆仑关

公元1053年的时候，大将军狄青奉命率领大军去征讨造反的侬智高，他计划穿过昆仑关攻克侬智高当时占据的邕州城。但是，昆仑关原本地理位置就易守难攻，再加上侬智高派重兵把守那里,哪是那么轻易就可以通过的?狄青决定先将大军驻扎在关下,再选择合适的时间进攻。

正好赶上第二天就是元宵节,狄青想到了一个好办法。正月十四这天,狄青的军营中就开始张灯结彩,准备摆宴庆祝节日,喜气洋洋的气氛弥漫在整个军营之中。狄青甚至当众宣布全军一连三夜饮酒作乐,先是宴请高级军官,之后是中级军官,然后是文官,一个都不能少,一定要好好地庆祝一下。这么大的排场,自然很快就被侬智高派来的密探探知了,他赶紧回去报告给了侬智高。

侬智高的部下听到这个消息十分高兴,原本一直战战兢兢、一刻都不敢松懈的守军也松懈了下来。

正月十四,也就是饮酒庆祝的第一夜,狄青与所有的高级军官畅饮了整整一个通宵,欢笑声就没有停止过。第二天正是元宵佳节,狄青喝到二更的时候,忽然间呕吐起来,随从们赶紧把他扶到内室里。狄青虽然感觉不适,但是还是派了另外一名军官代替他主持了整个宴会。

过了一会儿,狄青的一位心腹出来举杯说:"大将军正在服药,但是惦念各位,派我代表他向各位表示节日的祝贺。"又过了一会儿,狄青又派人代替他自己向文官们表示敬意,并嘱咐大家尽情欢饮,不必介意他。大家的兴致也在狄青一次又一次派人前来敬酒的情况下变得更加高涨了,快到凌晨的时候宴会还没有结束。

天边刚刚见亮的时候,一阵急急的马蹄声打破了喧嚣,一个骑兵飞快地骑马进入军营向还在饮酒的文官们喊道:"狄将

军已经将昆仑关拿下了！"

问题和思考

狄青刚才明明还在和大家一起欢饮，是如何神不知鬼不觉地拿下昆仑关的呢？他又是如何做出这么出奇的判断的呢？

答案和解析

大家知道，狄青大将军的威名是人尽皆知的，在这种情况下，他来攻打侬智高，侬智高的部下自然会打起十二分的精神来防备。而且昆仑关又占尽天时地利，即使是狄青也不是轻易就可以攻下的。所以他想出了这样一个办法，利用元宵节即将来临摆宴三天，这样可以让对方做出错误的判断，侬智高部下怎么也想不到狄青摆宴实际上是为了声东击西，他故意装作呕吐，其实只是施给对方密探的障眼法。狄青本人早就已经趁其不备去攻打昆仑关了，攻其不备自然一举拿下。

无中生有的三十万大军

宋徽宗宣和四年的时候,北宋的刘延庆率领十万大军前往燕城,准备攻打辽国。辽国的将领萧干得知这个消息之后非常吃惊,因为当时刘延庆屯兵的卢沟当地只有不到一万辽军,想要抵抗对方的十万大军无异于以卵击石。萧干冥思苦想终于想到了一个计策。

萧干派出自己军中的精锐部队悄悄绕过北宋的大队人马,切断了刘延庆军队的粮草供应,并且活捉了护送粮草的将领王渊和两名宋兵。萧干令人将王渊押走,但是留下两名宋兵在自己的营帐之内,不过用黑布蒙上了他们的眼睛。

等到半夜的时候,萧干故意和身边的几个将领悄悄讲话:"听说宋朝出动了十万大军,这对我们来说没什么,咱们现在的兵力是他们的三倍。我是这样想的,既然我们有三十万大军,不如将大军分成左右两翼,将精锐兵力集中起来冲击宋军的部队,左右两翼再从两侧配合夹击。宋军就插翅难逃了。"将领们纷纷称是。萧干又说:"那就这么决定了,我们举火为号,火把燃起的时候,中路大军冲杀敌军,两翼部队配合夹击,将宋军消灭殆尽。"那两个被绑在营帐中的宋兵虽然被蒙住了眼

睛，仍旧听了个清清楚楚，加上萧干故意压低声音做出神秘的样子，两个宋兵更是没有怀疑了。

一会，萧干就和那群将领假装一起外出巡视去了，一个辽兵悄悄地接近了两个被俘虏的宋兵说："我也是被抓来的宋人，一旦宋军被攻破，你们都会被杀头的，我现在就放你们偷偷离开吧。"他刚刚松开一个宋兵，就慌忙跑出去说："时间来不及了，你快跑，另外一个弟兄我再想办法吧。"

这个宋兵听了之后慌忙连夜逃回宋营，将自己听到的话都报告给了刘延庆，刘延庆听了之后不免慌张起来。第二天清晨，萧干在军营中点起了火堆，一时间火光映天，刘延庆看到这个情况更是对宋兵所说的话深信不疑，吓得马上通知自己的军队烧掉军营逃走了。一时之间，整个宋军军营大乱，逃跑的宋兵们相互踩踏，尸横遍野。萧干不费一兵一卒就解决了自己的危机。

问题和思考

你知道萧干是如何做的判断吗？

答案和解析

萧干同样采用的是声东击西，表面上做出攻打宋军军营的架势，事实上自己根本没有那么多军队，只想吓退宋兵。为了让刘延庆做出错误的判断，萧干特意做了一场谋划战略的戏，让被俘的宋兵听到自己的"作战计划"再逃脱，将所听到的内容报告给刘延庆，第二天再假装点火为号，这样刘延庆自然就会错误地判断辽军想要进攻，从而吓得仓皇逃跑了。不费一兵一卒，演了一场戏，放了一名俘虏，就解决了巨大的危机，萧干的判断不可以不称之为出奇。

岳飞的离间计

公元1137年的时候，岳飞作为宋朝军队的元帅，再次奉命攻打金国。但这次出兵之前岳飞的情绪却没有那么平静，因为这时候汉奸刘豫刚刚向金国投降，出卖了宋朝，并且还被金国封为大齐皇帝，这对宋朝来说不仅仅是威胁更是侮辱，岳飞更是不能容忍这种事情。他在中军帐中思索着战争的策略，这时候密探回报的一条消息引起了他的注意：金国将军粘罕很喜欢刘豫，相反另一位将军兀术非常讨厌他。岳飞看到这条消息，认为这是一个可以利用的机会，暗暗开始琢磨计策削弱对方的力量。

几天之后，岳飞军中有人俘虏了一个金兀术的密探，押送到了岳飞面前。岳飞突然灵机一动，想到了对付金兀术和刘豫的好办法。

于是，他特意屏退了左右，突然责备地对眼前完全陌生的密探说："你不是探马张斌吗？前几天我派你去联系齐王刘豫，与他商议一同诱杀金兀术的事情，你怎么一直没有回

来呢？"顿了一下，岳飞又提高嗓门说道："因为你一直没有回来，所以我就又另外派人到刘豫那里去商定这件事情。现在刘豫已经答应。今年冬天我们就会会和，然后以打过长江为饵，将金兀术诱惑到清河消灭他。你说你带着我的书信却没有去刘豫那里，你是不是已经背叛我了，金兀术是不是已经知道这个消息了？"

　　这个可怜的密探被岳飞的一番责问弄得完全摸不着头脑，心里想莫非自己和那个张斌长得很相似。突然间他意识到如果自己是那个张斌，那么很可能会有一条活路，而且万一有机会逃离这里，自己岂不是带着一条天大的机密消息？甚至还可能立功。想到这里，他马上双膝跪地说："元帅恕罪，小的张斌并没有背叛，只是因为对这边地形不熟，走失了，又被自己人抓了回来。"

岳飞装作很认真的样子审视了这个密探一番，然后表情严肃地坐回书案前，飞快地写好一封信，并且用蜡丸封好。然后站起身对密探说："这一次我就原谅你，给你一次将功折罪的机会，你再次动身，将这封信送到刘豫那里，千万不能泄露。而且你现在的身份掩饰的很好，就继续保持好了，为了不让别人怀疑，就得委屈你受点皮肉之苦了。"

说完，他找来自己的心腹，在密探的大腿上割了个口子，再小心地将蜡丸放进去藏好。间谍拿到信，哪里还顾得上腿上的伤痛，直接跑回金兀术那里交代了来龙去脉。

金兀术听了间谍的描述，再看了看蜡丸内的信，不禁大怒道："刘豫竟然敢和岳飞一起诱杀我，这个吃里爬外的骗子！"接下来他马上赶到金朝皇帝那里将事情一一禀明，刘豫就这样被废掉了，岳飞没有费任何力气就除掉了这个大汉奸。

问题和思考

你知道岳飞是如何判断的吗？想一想为什么这个计策可以成功呢？

答案和解析

岳飞首先知道金兀术和刘豫不和，这就说明有借刀杀人的可能。如果想要借刀杀人，就一定要让对方做出错误的判断。而这时候送到手上的密探就是最好的媒介了，岳飞故意认错人，其实根本就没有张斌这个人，目的只是为了让间谍对自己接下来说的话深信不疑，间谍看到活命的机会一定会牢牢抓住，而立功的机会也一定不会放过，所以这个假情报一定会到达金兀术的手里。同时，金兀术本来就和刘豫不和，自己心里盼望着找到刘豫并不是真心效忠的证据，所以看到这个情报一定会不分青红皂白就信以为真。这样即使是在战场上同样英勇的金兀术也会做出错误的判断，岳飞就可以很轻松地利用金兀术的手除去刘豫了。这个计策之所以可以成功正是因为岳飞正确地判断了间谍和金兀术的心理，从而利用他们达到自己的目的。

班　超

　　班超在我国的历史上绝对是一个举足轻重的人物，如果没有他出使西域，也就没有那么多文化的引入。他的智慧也和他的功绩一样在历史中闪光。

　　东汉时，班超出使西域，他最主要的目的其实是为了联合西域各个国家共同抵抗匈奴，匈奴一直都是困扰中原边境安稳的最大因素，如果西域各国可以联手对抗，那么就可以得到多年的和平。但是，要想得到西域各国的帮助，首要的便是打通南北的通道。

　　当然各个国家有各个国家的想法，当时处在大漠西部边缘的莎车国对匈奴更为友好，他积极煽动周边的小国一同帮助匈奴对抗汉朝。班超认为，平定莎车国是当务之急，所以他联合起于阗等几个小国准备一起攻打莎车国。

但是莎车国王看到这个架势之后立即向北边的龟兹国求援，龟兹国国王亲自率领五万多人马前来支援莎车。这时候班超联合的几个国家的兵力加在一起也只有两万五千人左右，可以说是敌众我寡，如果硬攻只有吃亏的份。班超于是决定智取。

不久之后，军中突然出现了许多对班超不满的言论，大家纷纷说自己打不赢龟兹，还有人声称很快就要撤退了，整个军队都显得极其慌乱，连俘虏都因为看管太松而逃跑了。这些逃跑的俘虏马上赶回莎车军营，向莎车国报告汉军慌忙撤退的消息。龟兹王听到这个消息特别高兴，认为班超不过是个胆小鬼，看到自己的大军马上开始逃窜了，于是他决定趁着这个机会，彻底追杀班超。

于是龟兹国王命令自己的部下兵分两路去追击汉军，他自己更是亲自率领一万精兵向西追赶班超。没想到的是，班超的军队趁着黑夜，仅仅只是撤离了十几里地，就就地隐蔽埋伏了起来。这边刚埋伏好，求胜心切的龟兹国王也很快赶来顺利穿

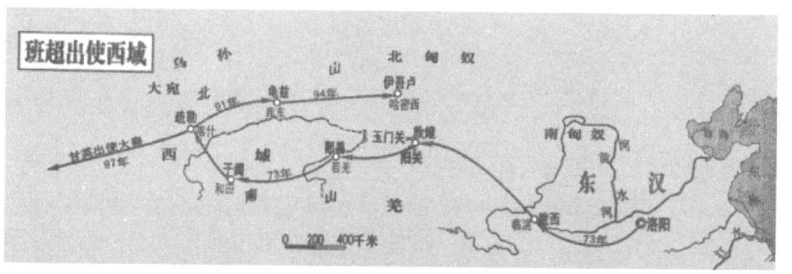

33

过班超部下隐蔽的地方，完全忽略了隐蔽好的班超军队。而另一边，看到龟兹军队离开的班超军队马上和早已约定好的于阗人马也从其他方向杀向莎车王国。

始料未及的强敌莎车国无力应付，整个军队溃散而去，莎车国王看到这个架势立刻主动投降。而气势汹汹追杀班超的龟兹国王追了整整一夜，却连班超军队的踪影都没有看见，等到回过神来，已经传来了莎车国投降的消息。自己的人马也都有损伤，看到胜负已定，只好愤愤地返回自己的国家。

问题和思考

你知道班超采用的是什么办法吗？想一想如果是你的话会不会有更好的想法呢？

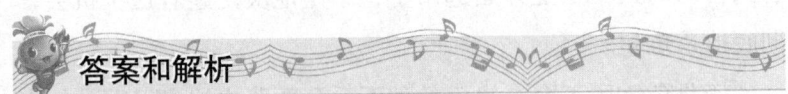

答案和解析

班超知道对方是强敌，只能智取不能硬攻，因此采用了声东击西的办法。他故意让军队装出松散的样子，放走俘虏，就是为了让龟兹王轻敌追杀自己，这样就可以引走龟兹军队的大部分力量，剩下的人都认为自己已经逃跑，绝对不会回来攻击，所以始料未及，一定会失败。表面上逃跑实际上为了更好地进攻，这一招声东击西不可以说不高明。

13

韩信活捉魏豹

公元前205年,汉王刘邦的军队被楚军杀得大败,更令刘邦气愤的是,原本归附于自己的魏豹看到楚军的强大之后,竟然背叛了刘邦,转而投靠项羽。这对刘邦来说,无论是心理上还是军事上都是很大的打击,魏豹占据的河东地理位置十分重要,向西可以攻打关中,向南则可以截断关中和荥阳的联络,随时都可能给刘邦造成更大的损失。

为此刘邦几次三番派人前去说服魏豹回到自己的阵营,都被魏豹拒绝了。为了除去自己的心头大患,刘邦派韩信和曹参前去攻打魏豹。

韩信的威名魏豹自然是十分了解的,因此他一听说是韩信亲率军队而来,就更加周密地布置了攻防。任命自己的手下伯直为大将军,统率全军,将黄河渡口完全封锁,防止汉军渡河。为了彻底地防范韩信,伯直还特别设置了一支不断沿着黄河巡逻的别动部队,并且将所有民用船只通通收走,不允许在河内停泊任何船只。部署完毕,伯直非常得意,如果汉军想要通过船只渡河肯定是不可能了,剩下的唯一一条路就是蒲坂的要塞,那里是真正的天险,易守难攻,加上魏豹派了重兵在那里把守,

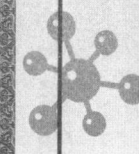

就算是韩信也绝对不可能从正面通过。

韩信赶到的时候，看到这样严密的防守也认为强攻只能是下策，必须要避实就虚，声东击西才可以。于是他大摇大摆地将汉军的军营设置在蒲坂对岸，与魏豹军队隔河相对。他又命令自己的士兵将军营附近插满旗帜，并且将汉军这边所有能够找到的船只都集中到军营这里。而士兵们则整天击鼓呐喊，整个军营即使到了夜间也是灯火通明，看上去一直在忙着调兵遣将。

魏豹这边看着韩信忙里忙外地筹备船只，一点都不担心，因为大部分的船只都被他们控制，而且沿河设置了重兵。没有想到的是，不久，汉军就顺利渡过了黄河，魏豹匆忙之下迎战，自然不是韩信的对手，没几天，魏豹军队就溃不成军，魏豹自己也被韩信活捉，交给了刘邦。

问题和思考

你知道汉军是怎样渡过黄河的吗？韩信所谓的声东击西的计策是怎样施行的呢？

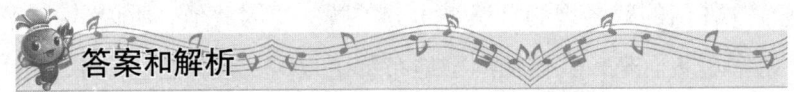

答案和解析

表面上看来，汉军是要选择从蒲坂渡河了，所以韩信才让军队日夜不歇地准备着渡船的工具。但事实上，韩信只是让士兵们在对岸做足了气势，通过旌旗、鼓声和灯火迷惑和麻痹对方。而汉军真正的主力正在韩信的指挥下偷偷地向北前进，赶往黄河的上游夏阳从哪里渡河。魏豹和伯直虽然加强了防守，但是他们对自己的防守和天险太为自信，加上韩信做出了在此渡河的架势，因此他们丝毫没有想到黄河的上游。

汉军赶到黄河上游之后，船只依然不够，但是韩信命令士兵们收集和制作小口木桶，将木桶连在一起，上面再绑上木排就形成简易并且平稳的渡筏了。汉军就这样神不知鬼不觉地渡过了黄河，直接将没有任何防范的魏豹军队消灭殆尽。表面上做出在蒲坂渡河的样子，实际上将主力调到夏阳。韩信的这招声东击西魏豹自然是无法应付了。

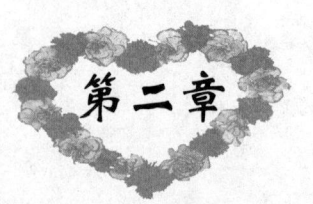

第二章

明察秋毫

——从蛛丝马迹中发现真相

　　正确的判断来自智慧的头脑，而出奇的判断需要的不仅是智慧的头脑，还需要明察秋毫。在历史长河中发生的很多故事告诉我们，事情的真相往往都隐藏在一些蛛丝马迹之中，只有聪明的人才能依靠它们做出出奇的判断。我们大家看故事的时候，常常会为这些判断感到惊奇，但事实上，当我们走进故事认真分析就会发现，只要我们也学会明察秋毫，就能做出像他们一样出奇的判断。

子产凭借哭声断案

大家应该都听说过春秋时期非常有名的丞相子产,他善于权术,辅佐国王治理国家,是非常得力的一位大臣。其实,在很多民间流传的故事里,子产还非常善于察言观色,往往能在别人不经意的地方发现事情的真相。

有一次,子产为了体察民情就带着自己的随从一起在街上散步,突然他听到一户人家传来了女子惊恐的哭声。子产和随从快步走近那户人家,女子的哭声也更加尖利,并且好像很害怕的样子。

子产感到有些奇怪,对身边的随从说:"这个女子一定是有亲人死去了,你们快去看看情况。"

随从们来到那户人家,推门进去后发现一个男子横在床板上,身体已经僵硬了,一旁正在痛哭的女子正是声音的来源。随从们询问之下得知那女子是死者的妻子,因男子暴毙伤心不已。子产听了随从的报告有些疑惑地问:"你们确定是这女子的丈夫去世了吗?"

"没错,已经去世一个时辰了。"随从回答道。

子产听到这个回答之后更是连连摇头,甚至有些愤怒地说："这样的话就更不对了，快去请忤作前来验尸，恐怕这男子的死另有缘由。"

随从虽然不知道子产为什么愤怒，但还是听从子产的命令找来了忤作。果然，忤作很快就将验尸结果呈了上来，那男子是在熟睡中被人用刀子刺死的，屋子里还可以找到没来得及处理的凶器和染血的衣服。痛哭的女子看到这些铁证，不得不承认是自己杀死了熟睡的丈夫。

问题和思考

子产根本没有看到死者的尸体，甚至连屋子里的情况也不知道，你知道他凭什么判断男子的死亡蹊跷吗？

答案和解析

子产是一个非常善于察言观色的人，他远远听到女子的哭声里恐惧大于悲痛，判断女子可能是受了惊吓。但是死者却是她的丈夫，这于情于理都说不通。而且，当子产和随从们的脚步声接近的时候，女子的哭声明显更加恐惧，是出于害怕被人发现的恐惧，并不自觉流露出来的。子产观察到了这些别人忽略的细节，加上随从的报告，从中判断出男子是死于女子的谋杀。一场差点被掩盖的凶杀案被女子的哭声泄露了。相信大家也不难明白，正是对细节的留心才成就了子产一代名相的伟业。

2 宝剑定遗产

西汉时，何武是沛县的太守，为官清廉，又善于通过观察断案，所以得到了当地人民的拥戴。一天，何武受理了一件遗产继承案，原告竟然是一个只有15岁的少年，而被告则是他的姐姐和姐夫。

何武通过调查得知，这对姐弟3岁的时候母亲就生病过世了，父亲是当地有名的大富翁，家产有20多万两银子。但是，当他病重的时候，召集了全部族人，立下遗嘱，令人吃惊的是他将自己的全部遗产都交给了自己的女儿，只给弟弟留下了一把宝剑，要求儿子长到15岁的时候由姐姐转交给他。何武了解到，这个富翁之所以会做出这样让人惊讶的决定是因为他知道自己的女儿并不贤惠，而女婿更是十分贪婪，自己死后恐怕他们会争夺遗产而伤害年幼的儿子，所以才想出了这么个折中的办法。

没有想到的是，少年长到了15岁，姐姐和姐夫竟然连那把宝剑都不肯给他，所以才不得已把姐姐、姐夫告上了公堂。何武当众读了一遍富翁的遗嘱，问被告："这封遗嘱是真实的吗？"

"是。"富翁的女婿不情不愿地回答道。

"那还不快点把宝剑呈上来？"何武大声说道。

少年的姐姐、姐夫这才将宝剑呈给何武，何武接过宝剑看了一会儿后，竟然做出了一个大快人心的宣判：将富翁的所有财产都判给少年所有。

问题和思考

你知道何武为什么做出这样的判断吗？仔细想一想有哪些细节是他做出这样判断的依据？

答案和解析

原来何武发现那把宝剑并没有想象中的珍贵，所以判断富翁是有意为之，他考虑到自己的女儿女婿十分狠心贪财，想必之后也不会将宝剑顺利地交给少年。不过少年到了15岁之后，心智和体力都已经成熟了，足够保护自己，如果告到州县遇到清正廉明的大人，也许可以看懂自己的一番良苦用心，为少年做主。何武通过一把并不是很珍贵的宝剑判断出老富翁的心意，所以将全部遗产判给了少年，也赢得了民众的尊重和支持。

薛宣割黄绢断案

古时候，有一个生意人带着一匹黄绢到集市上去卖，但是没有想到走到半路突然下起了雨。因为刚好是半路，前不着村后不着店的，找不到避雨的地方，所以生意人就将这匹黄绢展开一些用来遮雨。

雨看起来一时半会也不会停的样子，生意人有点着急，这时候远处跑来一个人，已经被雨浇湿了，浑身发抖，生意人看他可怜就让他一同到自己的黄绢下面躲雨。过了一会儿，天终于放晴了，于是生意人将绢重新卷起来准备继续赶路，没想到却被一同躲雨的陌生人拦住。陌生人声称黄绢是自己所有。生意人非常生气，两个人互不相让，竟然就在道路中间打了起来。正巧当地的太守薛宣经过，看到这个情景就赶紧让手下制止了争吵的二人。

薛宣了解情况之后问道："你们二人都说黄绢是自己所有，那黄绢上可有记号？"

二人自然都说没有。

薛宣故意叹了口气说："既然你们二人都没有证据能证明黄绢是自己的，又都不肯放弃，在大路上争吵实在是有伤风化，本官现在做个判决，将黄绢一分为二，你二人各取一半，你们同意吗？"两个人想了想，点头同意了。于是，薛宣让手下将黄绢一分为二，分别给了两个人。

二人离去之后不久，就重新被衙役找到，带回了公堂，薛宣将黄绢判给了生意人，并且重重地惩罚了欺诈的陌生人。

问题和思考

你知道薛宣是怎样做出正确判决的吗？

答案和解析

原来薛宣将黄绢分成两份，给了二人的同时，还派了衙役悄悄跟踪二人以观察他们的反应。生意人自然是满心愤恨，见人就说自己遇见了糊涂官。占了便宜的陌生人却喜气洋洋地低价叫卖那半匹黄绢。薛宣听了衙役的汇报之后，立刻知道了事情的来龙去脉，所以做出了正确的判决。这次，生意人再也不会说自己遇见个糊涂官了，而是逢人便说薛宣是个英明的好官。

箕子见微而知著

大家应该都听说过商朝的暴君纣王,他贪淫无度,极其凶残,制定了许多残忍的刑罚,只为娱乐。但不知道大家知不知道这位商纣王有一位庶出的兄弟,也就是箕子,他非常聪明,最擅长的就是从微小的事物中推断出其未来的发展。

商纣王刚刚即位不久的时候生活还比较简朴,完全看不出一丝挥霍无度的样子,他命令工匠为自己雕琢一副象牙的筷子。箕子非常关心商朝的发展,因此时常向纣王身边的侍卫询问他的生活起居情况,知道这一情况之后叹息不止,认为纣王的欲望必然会愈来愈大,商朝离灭亡也不远了。

侍卫不明白一副象牙筷子怎么能让箕子如此伤心。但是不久之后果然如箕子所料,纣王的贪念越来越大,他不但平日的生活骄奢无比,还抓来了成千上万的苦力为自己修建占地三里的鹿台,并用白玉来做琼室的门,又将从全国各地搜罗而来的珍宝奇禽安放在其中。这还不够,他还在鹿台的旁边建起了装满酒的池子,林子的树枝上挂满了肉,又让裸体的男女在酒池肉林中嬉戏,他自己则在一边舒服地观看着享乐。

他还特别喜欢听人们绝望的时候的惨叫声，因此发明了许多炮烙之类的酷刑，身边的人即使犯了一点小错也都被残忍地惩罚，他自己则听着人死之前的惨叫声继续作乐。

后来，不仅仅是宫里面的人反对纣王，整个国家的人民都怨恨着他，士兵们更是举戈而起，纷纷反抗纣王的统治。这位只知道享乐的残暴君主终于走到了最后，在鹿台上自焚而死。

问题和思考

我们都知道商王朝最后的灭亡是必然，但是这一切，仅仅在箕子看到那一双象牙筷子的时候就已经预知了，你知道他是如何判断的吗？

答案和解析

古人说见微而知著，其实一点都不为过，小的事情往往能预示事情的发展，箕子当时听说纣王命人打造象牙筷子的时候就想到：既然有了象牙筷子，那么自然不能用土器和瓦器来相配了，这时候就需要犀角做成的碗，杯子也必须是相配的，那就需要用白玉来雕琢。连吃饭的器皿都已经这样华贵了，那么自然不能再吃粗菜淡饭，要有山珍海味才可以。吃了山珍海味自然就不愿意再穿原来的粗布衣服了，要绫罗绸缎才好。吃穿都好了，所住的地方自然不能简陋，要修建华美的宫殿。慢慢地，这些就都不能满足纣王的欲望，必然会到更广阔的地方去收集和压榨，这样就一定会引起人们的愤怒和反抗，他终究要死在自己的贪婪之下。如果我们懂得见微知著，就可以清楚地看到以后发展的后果，自然可以理解箕子当时的忧虑了。现在想想看，我们身边有没有什么事情很小所以被我们忽略了，但是从它出发也许背后有着我们可以预知的结果呢？

张宝称重断数量

汉朝的时候,有一种很出名的民间小吃叫油炸馓子,这种小吃是用面条揉成细条,相互扭曲连接成环形,再过油炸制而成的。这种小吃香酥可口,但是却非常容易碎裂,所以大街小巷的挑担货商们都非常小心。偏巧,一天一个叫张五的货郎挑着卖剩的油炸馓子经过一个窄小的巷子时,被一个匆忙赶路的小伙子撞翻在地,油炸馓子全部碎裂无法再卖了。张五马上拉住这个小伙子要求他赔偿。

但是小伙子却并不愿意,直到身边围观的人纷纷指责是他的错,他也知道理亏才表示愿意赔偿。于是问:"这里是多少枚馓子?"

张五因为小伙子开始的不愿意赔偿感到生气,所以想要好好地敲诈他一下,就说:"一共是300枚。"

小伙子看着地上碎裂的馓子,明显不相信张五的话,表示自己只愿意赔偿50枚馓子的价钱。两个人谁也不肯退让,于是当街争执起来,围观的群众想要上来劝说,但是面对一地摔得粉碎的馓子,谁也无法说清真正的数量。

正巧,当地新上任的京兆尹孙宝充经过这里,他问明原因

后对小伙子说："张五是做小本买卖的，被你撞倒，赔偿是必需的。但是究竟需要赔偿多少才合适呢？"

孙宝充又转过身来问张五馓子的数量，张五看到大官心里十分胆怯，知道刚刚随口胡说的数量太大，一看就知道是说谎，所以就改口说是200枚。这样一下子200枚一下子300枚的自然无法令人信服，周围的人都一筹莫展，不知道孙宝充会如何处理。但是孙宝充却只是笑了笑，就轻松地算出了馓子的数量，两个人都心服口服。

问题和思考

你知道孙宝充是怎么判断出馓子数量的吗？想一想如果是你遇见这种情况会怎样做出判断呢？

答案和解析

孙宝充只是不慌不忙地派手下到其他地方买了一枚油炸馓子，用秤称出重量，然后再将被撞碎的馓子通通收集起来放入秤盘之中，然后折算一下就知道张五被撞碎的馓子的数量了。有时候事情看起来一筹莫展，但是只要细心观察，就可以找到解决问题的办法，通过察言观色来确定真假，再加上精确的计算，问题一定可以迎刃而解。

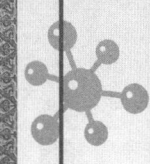

神灵相助得胜利

公元74年的时候，东汉和匈奴都想进一步拓宽自己的疆域，因此将目光锁定在车师国。双方在车师国的金蒲城展开了激烈的战斗，几次交战下来，匈奴已经攻破车师国的内宫，形势对汉军非常不利。东汉派来的将领耿恭为扭转战局不断思索，十分烦恼。

苦苦思考也无法想到办法的情况下，耿恭只好将自己的全部幕僚都请到将军府中一起商量作战对策，但是一个上午的时间过去后还是无法得出可行的方案。时值中午，大家都觉得肚子饿了，于是耿恭便安排下人传酒饭到书房来一同享用。

一个侍卫端着饭菜走到书房门外的时候却突然吓了一跳，整个人瘫在门外，将饭菜洒了一地。他哆哆嗦嗦地说："将军，您的爱犬不知道什么时候被毒死了。"

果然，在死去的爱犬旁边还有尚未吃完的食物，看起来像是从外面叼回来的。耿恭却好像突然想到了什么一样，两眼发光，他问旁边的一名幕僚说："你说匈奴人特别迷信鬼神是不是？"

"是。"这名幕僚一头雾水地回答道。

耿恭马上下令让士兵们寻找毒死狗的毒物，并且要求越多越好。大家虽然不知道耿恭要做什么，但是将军的命令谁也不敢不从，不久，这种毒物就被搜集来了一大堆。第二天，匈奴士兵看到了汉军射在城上的纸条，上面写着："我汉家军队有神明相助，今日中箭的士兵都必死无疑。"

匈奴军自然不肯相信，但是这天的战争中，匈奴的冲锋兵在中了汉军的弓箭之后，伤口竟然溃烂不止，惨不忍睹。匈奴士兵以为汉军真的有神明相助，溃散而去。汉军最终取得了胜利。

问题和思考

你知道这是为什么吗？想一想打败匈奴士兵的真的是神明吗？

答案和解析

原来耿恭观察死去的爱犬，发现它是中毒而死之后就想到可以在箭头上面涂抹上这种毒物，再加上匈奴相信神明，于是他索性散布汉军有神明相助的信息，让匈奴士兵溃不成军。打败匈奴士兵的当然不是神明，而是耿恭，正是因为耿恭善于观察细节，并且从观察到细节中思考，才可以做出正确的判断，掌握战机，取得胜利。大家也要学会留心观察自己身边的小事情，从中发现解决问题的办法。

与死人对话

　　东汉有一个县官叫周纡,执法严明,断案如神,在得到百姓拥戴的同时也得罪了不少的官吏。一天早上,有人到周纡这里报告说附近一座寺庙的门上挂着一具手脚全无的尸体。周纡感到非常吃惊,因为本地民风淳朴,连鸡鸣狗盗之事都很少,更不要说杀人这种大案了。于是他急忙赶往现场。

　　现场早就已经聚满了围观的群众,周纡走上前去,发现果然有一具血肉模糊的尸体挂在寺庙门上。他吩咐众人散开,自己站在尸体边上仔细观察,他发现尸体的嘴角并没有血迹,脑中灵光一闪,装作和尸体说话的样子,不时点点头。周围的人都感到很奇怪,议论纷纷,过了一会儿,周纡才吩咐士兵将尸体搬走,又找来一个士兵悄悄询问了一番。

　　做完了这些,周纡便将众官吏和百姓召集起来,严肃地说:"本官来到本地已经很多年了,从来没有发生过这样的大案子,所以我刚刚特意询问了死者,案情的来龙去脉我已经知道了,如果现在犯人主动承认错误,本官还可以原谅他。"

　　众官吏听了之后,都在心底暗暗议论,与死人对话纯粹是无稽之谈，肯定是因为周纡不知道如何破案才故意这样说的。

但是没想到周纡只是笑了笑，接着说："既然不肯站出来，那就由我来说了，廷掾，你来说说，为什么要恶作剧吧？"

廷掾被叫了出来虽然感到很害怕，但还是抱着侥幸心理说："小人不知道大人在说什么。"

周纡这时不再笑了，板着脸说："如果你不实话实说，我就只能按照杀人罪处罚你了。"话音刚落，廷掾就吓得跪在地上，全部招供了。

问题和思考

你知道这是怎么回事吗？周纡是通过什么判断出来廷掾就是犯人的呢？

答案和解析

其实最重要的是观察，原来周纡观察到尸体的嘴角并没有鲜血，所以手脚不可能是生前被剁掉的。应该是有人为了整自己故意在尸体上做了手脚。仔细观察之后还发现尸体上有稻芒，所以就询问士兵昨晚是否有人背着麻袋进城，了解到只有廷掾一人，便真相大白了。廷掾也并没有杀人，只是因为周纡为官清廉，他捞不到油水所以耿耿于怀。下乡回城的时候发现有盗墓人将坟墓掘开，尸体就抛在荒野之中，所以就想到了这么个办法。但是没有想到的是，周纡会观察得如此细致入微，一下子就看穿了自己的把戏。

汉景帝设宴款待周亚夫

周亚夫的一生应该说是非常辉煌的,在帮助汉景帝平定七国之乱的时候立下了赫赫战功,成为汉景帝手下的股肱之臣,做到了丞相之位。他在任的时候,不管是带兵打仗还是献言献策,对汉景帝来说都是一片忠心。但是大家知道,汉景帝最后在选择幼帝的辅佐大臣时,周亚夫却不在辅佐大臣之列,你知道为什么吗?

其实这里边有一个小的故事,大家知道,每一个皇帝在觉得自己年老的时候就会为皇位继承的问题提前做好准备,不仅费尽心血挑选一个皇子来继承自己的皇位,还需要为尚未能够独立胜任的幼帝选好辅佐大臣,以便自己可以放心地离开。汉景帝也碰到了这个问题,当时太子刚刚成年,汉景帝当然也考虑到周亚夫做辅佐大臣,因此特意试探周亚夫。

他命人设下宴席亲自宴请周亚夫,并为周亚夫准备了一大块肉,但是这块肉既没有切开,也没有准备筷子。周亚夫看到这个情况之后,十分不高兴,认为是下人的疏忽,就回过头向主管宴席的官员索要筷子。汉景帝笑着说:"丞相,给你准备这么大一块肉你还不满足吗?还需要筷子,这也未免太讲究

了。"周亚夫一听马上摘下帽子，跪在地上向皇帝请罪。汉景帝又说："既然丞相不习惯这种吃法，那今日的宴席就算了吧。"周亚夫听了之后就向皇帝告退，快步离开了宴席。汉景帝目送着他离开，注意到他闷闷不乐的样子只是摇了摇头。

问题和思考

之后周亚夫果然没有成为汉武帝的辅佐大臣，而汉景帝最终选的人也确实辅佐后来的汉武帝开创了更大的辉煌，不得不说汉景帝用人的能力之强。但你知道汉景帝是怎么通过一块肉做出判断的吗？

答案和解析

其实汉景帝的试探方法非常巧妙，大家想想，辅佐大臣需要具备怎样的素质呢？既然是幼帝，那么肯定年轻气盛，所以辅佐大臣一定要稳重淡定，并且任劳任怨，忠心耿耿，既不能有娇气，在幼帝做了什么过分的事情时，还要有长者风范，可以包容和规劝。如果满足这样的条件，那么面对皇帝赏赐的肉，即使不方便食用也应该二话不说地吃下去，要筷子本身就没能体现出一个臣子安分守己的品德。现在只是要求一双筷子，那辅佐幼帝的时候会不会要求更多呢？况且汉景帝毕竟已经是老皇帝了，连老皇帝的不礼貌都无法忍受，离开的时候闷闷不乐，又怎么可能会完全包容幼帝的无礼呢？虽然只是一块肉，但是以小见大，足以看出他对待幼帝的态度。现在大家知道了吧？

焚猪定真假

三国时期,一个男子来到县衙状告一个30多岁的妇人,声称她谋杀亲夫,也就是男子的弟弟。

男子愤怒地说:"我是死者的哥哥,昨天半夜我弟弟家突然着了大火,我们赶到的时候房屋已经被烧塌,我弟弟的尸体就躺在床下。这天刚好她回了娘家,怎么会有这么巧的事情?一定是这个女人和自己的奸夫商量好趁着自己回娘家的时候谋杀了我的弟弟,再放把火烧个干净,销毁证据。大人一定要替我弟弟做主啊!"

那妇人听了这个指责,气愤地站起来质问:"既然你说我有奸夫,那奸夫是谁?"男子自然答不出来。妇人马上大叫起来:"大人,他这分明是冤枉民妇。我不但年纪轻轻就要守寡,还要背上谋杀亲夫的黑锅,我不活了!"说着便向公堂的柱子上撞过去,衙役们纷纷上前才将其拦住。

县官张举是个明察秋毫的人,他见妇人虽然一直凄惨地哭泣,但是争辩的时候脸上却不无得意之色,心下便已经有了答案。但是却没有证据,妇人明显是胡搅蛮缠之人,草率断案肯定不能服众。于是说:"二位不必争执,等仵作到现场验尸之后再说。"

众人一同来到死者的房间，因为有风，灰烬漫天飞舞。忤作验尸并没有发现可疑的地方，张举近前看了看，挥手说："既然没有可疑之处，准备办丧事吧。"

众人刚要散去，没想到张举大声喝道："刁蛮妇人，你谋杀亲夫，还不快点认罪伏法。"妇人虽然拒不认罪，但在证据面前却不得不招供了自己的罪行。

问题和思考

你知道这是为什么吗？张举为什么突然间改变了判断？

答案和解析

张举在大堂之上就发现妇人神色不似失去丈夫的悲痛女子，因此对她已经有所怀疑。等到了死者家里，张举故意说案件没有可疑之处的时候偷偷地瞥了妇人一眼，果不其然发现她露出了宽慰的神色，好像突然间把悬着的心放下了。虽然只是神色的一点变化，但是却说明了一个人的内心活动，所以更加认定她就是犯人。

面对妇人的拒不认罪，张举已经想到了办法。他细心地观察到死者的嘴里并没有灰烬。于是派人带来两只猪，一只宰掉后用火烤，另一只活活烧死，然后观察他们的嘴里是否有灰烬。果然被宰杀后再烤的猪和死者一样嘴里没有灰烬，因此可以确认死者是先被人杀害再放火烧毁的。就这样，一场看起来没有什么线索的案子就在张举的明察秋毫之下简单地侦破了。

羊皮说话辨主人

一天，一个盐贩子背着一袋盐想要到雍州城里去卖，半路上走得累了便在一棵大树之下休息。过了一会儿，一个卖柴的樵夫路过也到大树下休息。两个人聊了一会儿后决定继续赶路，但是这时候却为了铺在地面上的一张羊皮争执了起来。两个人都说这块羊皮是自己的，在各不相让的情况下竟然当街打了起来。路过的人赶忙将两个人拉开，劝他们到雍州城里找太守李惠告状。

两个人便一路拉拉扯扯来到了太守府。盐贩子抢先说："这块羊皮是我专门用来卖盐的，背在肩上保护我的肩膀，如今已经有五年了，怎么可能是他的呢？"砍柴的马上反驳道："你说谎！这块羊皮明明是我垫在肩膀上用来背柴的。"

二人再次争执了起来，你来我往互不相让，一时之间竟真的难以分辨谁真谁假。

李惠想了想说："既然你们两个人都说羊皮是自己的，不如我们问问羊皮吧？"于是盼咐左右的衙役将羊皮放在干净的席子上，重重责打四十大板。大家都觉得奇怪，但是谁也不敢出声反驳。四十大板很快打完，李惠走下来仔细观察了一下羊皮后指着砍柴的说："你冒领他人东西，还不认罪！"

问题和思考

你知道李惠是凭什么做出判断的吗？你还有其他方法做出正确的判断吗？

答案和解析

相信大家都已经猜到了，在这个故事里有一个细节就是二人都声称这块羊皮跟随自己很久，那么羊皮之上必然会留下和二人相关的痕迹。李惠拷打羊皮其实是为了看看羊皮上面都残留了些什么，四十大板之后，众人看到散落在席子上的盐粒之后，自然就知道羊皮的主人是盐贩子了。察言观色是一门学问，同时细微观察事物的特点也是一门学问，根据自己的观察选择合适的方法才能做出正确的判断，你学会了吗？

丢失的状纸

大家应该听说过唐朝大将李靖，他奉公守法，非常体贴自己管辖范围之内的百姓，赢得了很多人的好评。但是就在他当歧州刺史的那年，一个人为了讨好皇上就密告说李靖聚集兵士，野心造反。

任何一个皇帝对造反的事情都是最为敏感和忌讳的，唐高祖听了密告之后十分震怒，立即命令一个御史前去调查这件事情的真假，并且暗中嘱咐一旦发现造反可以直接处死李靖。

这个御史对李靖的为人十分清楚，他当然不可能相信李靖会图谋造反，一定是有人诬告。但是这个事情本来就很敏感，直接说出自己的想法反而容易引起皇上的怀疑，连自己的清白都可能不保，必须要考虑一个周全的办法弄清真假才可以。于是他向皇上请求与控告人一同前往现场办案，以便能够通过观察控告人的神色和行为找出诬告的证据。皇上答应了他，这个御史便和控告人一同赶往歧州。

没想到刚走了几百里地，御史手下一位专门管理行李的随从就匆匆忙忙地跑来向御史报告，说是遗失了一个包裹，控告人原来所写的那张状纸也一起丢失了。御史听了之后十分生气，立刻拿起鞭子狠狠抽打那个随从，随从只能磕头求饶，看起来十分凄惨的样子。

御史实在是不忍心再打了，但是又十分忧虑，他对控告人说："李靖谋反的事实其实非常清楚，只要我们奉旨前往岐州查办就好。但是谁能想到，状纸和包裹一起遗失了，这样我们就都有了和李靖勾结的嫌疑，恐怕连性命都难保了。"控告人一听也是大惊失色，连连追问御史应该怎么办。

"你确定李靖谋反是事实？"御史问道。

"当然……"控告人有些心虚地说。

于是御史装出十分为难的样子，想了好半天才说："为了避免我们被这起谋反拖累，恐怕只有一个办法。你立刻重新写一张状纸出来，我们就当作之前的那张没有丢，然后赶往岐州照常办案。只要我们三人不说，就没有人知道状纸曾经丢失过。"控告人一听，觉得自己有救了，连忙答应下来，重新写了一张状纸递给了御史。

没想到御史拿到了新的状纸，并没有继续前往岐州，而是押着控告人一起返回京城，洗清了李靖的冤屈，使诬告人得到了应有的惩罚。

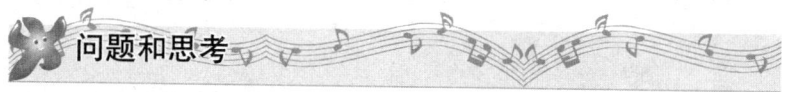

问题和思考

你知道这是怎么回事吗？你能判断出御史使用的计策是怎样的吗？

答案和解析

事实上这是御史和随从演的一场戏,为的是进一步判断控告人是否是诬告,同时也可以顺便洗清李靖的冤屈。状纸根本就没有丢失,一直好好地藏在御史的衣袖之中。御史假装状纸丢失观察控告人的神情,控告人明显表现得心虚,诬告是再清楚不过了。然后他又设计让控告人重新写一份状纸,两张状纸相互比较,就可以发现内容相差很多。因为是诬告,不可能完全记清楚当时编的罪名,如果李靖真的图谋造反,那么不管任何时间地点,控告人写下的状纸都应该是一模一样的。如今出现这样的区别,真假自然就明了了。有时候我们需要用一点小计策让细节浮现出来,并且及时抓住这些细节,从而推断出事情的真相,大家学会了吗?

董行成路上识小偷

　　董行成这个名字可能大家都没有听说过，当然，在浩瀚的历史中这个非官非吏的人物想要留下自己的名字是很困难的。但是相信大家都多少知道"捉贼神"的故事，这个"捉贼神"正是董行成。他为人十分正义，虽然不是官吏，却热心于维护地方的治安，对破案更是不遗余力。尤其是在捉贼上，董行成拥有很大的天赋，得到了许多百姓的信任和称赞。

　　历史上擅长捉贼的也不少，怎么偏偏董行成被称为"捉贼神"呢？让我们一起来看一个他捉贼的小故事吧。

　　一个清晨，董行成和以往一样去茶馆喝茶，恰巧碰上当时的说书先生正在讲他捉贼的故事。董行成不好意思久留，于是就退了出来。不想，这时候远处传来了"得得得"的驴蹄声。董行成停下来注视声音传来的方向，不一会儿就看到一个老头骑着驴子向茶馆赶来。董行成观察了下，看得出他是赶路口渴想来喝茶的，但是奇怪的是，老头看到董行成有些警惕地站在门口，却突然改变了主意，继续鞭打驴子前行。

　　但驴子却不干了，看得出这头驴早就已经筋疲力尽了，此刻怎么也不肯继续迈步。老头十分生气，抓起手中的鞭子狠狠地抽打在驴的身上，同时另一只手还不忘紧紧地握住自己腰际的钱包。

董行成看到这里不再犹豫，立马上前怒喝道："大胆小偷，还不快点交出钱包和驴子！"

老头听到怒斥的声音，吓得一惊，但还是吞吞吐吐地辩驳道："我……不是小偷，皮包是……是路上捡的。"

董行成丝毫不为所动，继续逼问，茶馆里的人听到动静也都出来围观。老头越说气势越弱，自己的话也开始前言不搭后语。面对董行成的咄咄逼人，想到他在不认识自己的情况下就指认自己是小偷，老头只好将自己偷东西的经过全部交代了。

原来，这个老头前一天晚上在一家旅馆住宿的时候偷了一个商人的钱包，大清早又偷了对方的驴子逃了出来。

大家听了老头的招供，纷纷称赞董行成是名副其实的"捉贼神"。

问题和思考

董行成根本不认识这个老头，他是如何辨别出这个老头是小偷的呢？

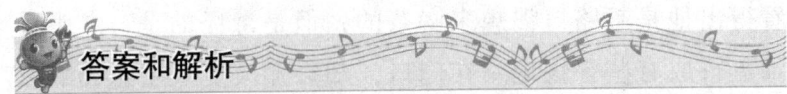

答案和解析

董行成之所以判断出老头是小偷是因为他特别擅长察言观色。他仔细观察，发现这个老头对陌生人很戒备，说明他心虚。老头催促驴子上路，不惜用鞭子狠狠抽打驴子，根本不爱惜自己的牲畜，那么这头驴子很可能不是他自己的。他在鞭打驴子的同时还不忘记用手护住自己腰间的钱包，明显那钱包是偷来的东西，才小心翼翼。根据这几点的观察董行成已经确认老头一定是小偷了。再加上自己逼问的时候老头回答得吞吞吐吐，基本就可以确定了。有时候我们容易忽略一些细节，但是真正擅长判断的人却恰恰可以利用这些小细节做出正确的判断，所以大家也要多多留意生活中的细节哦。

神色泄露天机

如果我和大家说在周朝的时候有人和管仲齐名，大家一定会想到当时的鲍叔牙。那么，如果我说周朝的时候有一个女人可以和管仲齐名，大家知道他是谁吗？

她是卫姬，也就是当时齐桓公的夫人。关于她的美德之所以流传下来其实和一个察言观色的故事有关。大家知道，齐国在管仲的辅佐之下很快就强大了起来，并且很快称霸中原。所以，很多诸侯国都前来朝拜，但是有一次卫国却没有前来朝拜，齐桓公十分不高兴，宴会结束之后就和管仲商量要讨伐卫国的事宜。

但是当他回到自己的内室之后，卫姬却突然摘掉自己佩戴的发簪和耳环，解下自己衣服上佩戴的饰品，走到厅堂之下拜了两拜说："希望能够为卫国请罪。"齐桓公大惊，想着自己和管仲商量讨伐卫国，这么机密的事情卫姬是怎么知道的呢？况且自己和管仲刚刚商讨结束，再也没有其他人知道这件事情，管仲也没有时间告诉卫姬。因此他问道："我并没想要攻打卫国，你为什么要请罪呢？"卫姬仍然跪拜在地说："我听说，人有三种神色，第一种是一眼就可以看出的高兴表情，而且是

过度作乐,那不过就是钟鼓酒食之色。第二种是安静低沉有些压抑的神色,那就是有祸患之色。第三种就是感到愤然,而且动作很大,那肯定是攻伐之色。今天你刚刚进来,我就看出你举手投足之间都十分趾高气扬,而且面色严厉带有愤然,声音很高,但是一看见我,这些行为举止和神色都消失了,那么应该是想要攻打卫国,所以我才来请罪。"

齐桓公听后,十分赞赏卫姬的聪慧,也消了气,内心也不想攻打卫国了,于是便答应了卫姬的要求。

第二天齐桓公前去上朝,管仲便上前说道:"看来您是想要放过卫国了。"齐桓公又是大惊,自己还什么都没有说,怎么卫姬、管仲都可以看出自己的心思?于是便详细地询问管仲,管仲回答道:"我看您今早临朝,表现得非常谦恭,而且气息也十分温和,言辞间也没有任何戾气,想来是打算放过卫国了。"

齐桓公一听非常高兴,大笑着说:"真好啊,宫里面有一位夫人,聪慧得可以替我治理里面的事情。外面有一位仲父,替我治理外面的事情。我在这世上再也没什么担忧了。"正是因为这句话才有了之前说的卫姬和管仲齐名的故事。

问题和思考

你知道卫姬和管仲为什么能够看出齐桓公心里所想吗?想一想,你有没有什么心思没有说出口就被别人知道了呢,现在你知道为什么了吗?

答案和解析

　　察言观色其实是一种为人处世的智慧。因为不管一个人内心有什么想法，怎样去隐藏这些想法，都会在其神色和行为举止中看出来一些蛛丝马迹。善于察言观色的人，往往能够掌握对方的内心世界，可以及时地了解到对方的德行、想法和判断，并且迅速地对人或者事情做出正确的判断，因而淡定从容。其实仔细思考的话，大家会发现，古往今来那么多成功人物往往都是因为擅长察言观色之道而能够做出正确的判断。故事中的管仲无疑就是一个最好的例子，而后来被称为品行操守最佳的卫姬也正是因为自己善于察言观色而能够与管仲齐名，不是吗？

14

三家分晋

大家应该都听说过三家分晋的故事,但你们知不知道故事中的一些细节呢?

智瑶、韩康子、魏桓子三家一同围攻晋阳,采用的方式是水攻,引来汾水灌城,晋阳人非常坚定,即使城楼即将被淹没,也没有任何人背叛晋阳。在这三家之中,又属智瑶最为霸道,他几次三番没有任何缘由地向他人索要土地,而且刚愎自用,但是由于对他的兵力很忌惮,韩康子和魏桓子也只能跟随着他。

这天,智瑶再次巡视水势,为他驾车的是魏桓子,韩康子则站在智瑶的右边为他护卫。智瑶一边看着水情一边说:"我今天才看到,原来水就可以让一个国家灭亡。"听了这句话,魏桓子用胳膊肘碰了一下驾车的韩康子,韩康子也悄悄地踩了下魏桓子的脚。这是因为汾水可以用来攻打晋阳,同样也可以淹没魏家的都城安邑,而韩家都城平阳则挨着绛水。

智瑶的谋士疵看到了这个细节,便对智瑶说:"韩家和魏家很可能会反叛。"智瑶不信,谋士疵解释说:"现在我们调集韩家和魏家的军队一同围攻赵家,赵家灭亡之后,下次自然就轮到他们了。而且我们这次围攻明明约定了三家平分晋阳,现在眼看着城内的人已经无法坚持，破城已经是定局。但是韩康子和魏桓子却看不出一点高兴的样子，反而有些忧愁，这不是要造反是什么呢？"

智瑶听了没有说什么，第二天却将疵的话告诉了韩康子和魏桓子两个人。两个人坚决表示这是有人故意挑唆，想要让智瑶怀疑他们而放松对赵家的进攻，又说："我们两家什么都不做就可以分到赵家三分之一的土地，为什么还要去做危险不讨好的事情呢？"说完两个人离开了，刚好碰到疵进来。疵进来便问智瑶："主公为什么要把臣的话告诉他们二人呢？"

智瑶再次惊奇地问："你怎么知道我告诉他们的？"

疵说："我看到他们两个人离去之前看我的神色很认真，但是走得非常匆忙，明显就是知道我看穿了他们的心思。"疵再次向智瑶表明韩家和魏家必反，但智瑶仍旧不听，疵只好离开此地出使齐国去了。

而这边，赵襄子也的确派出了密探与韩家、魏家相商，很快三家就达成协议。当天夜里，赵襄子派人杀掉智瑶手下负责看守堤坝的官吏，使大水决口，淹没了智瑶的军营，这时韩家和魏家又从两侧夹击智瑶，智瑶军队大败，自己也被杀死了。晋国就这样被三家给瓜分了。

问题和思考

你知道疵是如何判断的吗？想一想智瑶落到后来的结局又是因为什么呢？

答案和解析

疵完全是通过观察对方的小动作和神色进行判断的,韩康子和魏桓子在智瑶提到水可以灭国的时候偷偷互相碰了对方一下,明显是他们对智瑶所说的话有想法,这种想法又不能当着智瑶的面说出来,疵就判断他们很可能都感觉受到了威胁而想要反叛了。之后疵看到他们二人从智瑶那里出来,看自己的神色认真,说明他们内心对他抱有忌惮,匆忙离开则说明他们急于做出决定,这样就确定他们必反无疑了。但是智瑶却不肯听取自己谋士的意见,所以才落得了最后死亡的下场。可见明察秋毫很重要,重视那些可以明察秋毫的人更加重要。

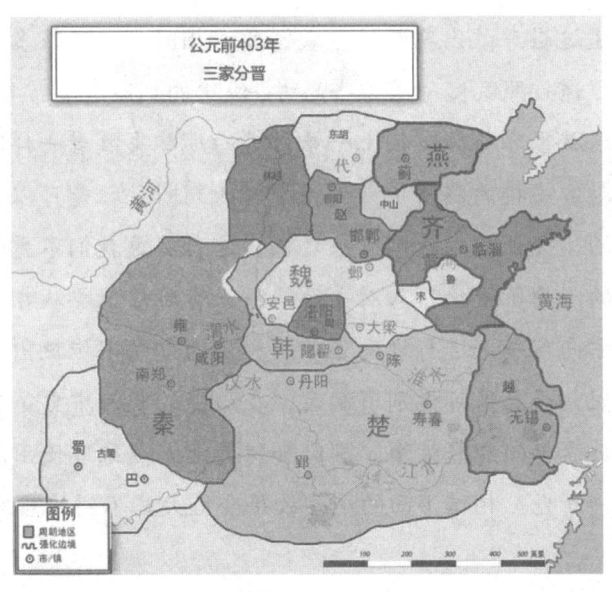

第三章

逆向判断

——出其不意攻其无备

大家应该知道,人类的思维是多种多样的,所以通过思考做出判断的方式也各不相同。现在很多人都习惯按照既定的思维去思考,做出的判断也非常常规。这就很容易像我们上一章讲过的那些失败者一样陷入对方安排的陷阱中,因为常规的判断往往是可以预料的,会让敌人看到可乘之机,这当然是我们不愿看到的。为了避免落入对手的陷阱,有时候就要从相反的方向入手,进行逆向思维。相反的方向不但跳出了常规,而且很可能别有洞天,在历史的长河中更是有无数这样的智慧故事。那么如何灵活而熟练地使用反向判断呢?相信下面的这些故事会给大家不错的启发。

价值五张羊皮的大贤人

大家应该都或多或少听过有关百里奚的故事,他足智多谋,帮助秦穆公取得了一项又一项的成就。但是说出来也许很多人不会相信,就是百里奚这样的大贤人,曾经却仅仅价值五张羊皮。你想知道这个故事吗?

公元前 655 年,秦国和晋国决定联姻,晋献公同意将自己的大女儿嫁给秦穆公,当然少不了要准备许多金银珠宝和奴仆作为大女儿的陪嫁,而百里奚就是众多陪嫁奴仆中的一个。百里奚当然不是奴仆出身,他以前就是虞国的大夫,但是虞国亡国之后,他却拒绝了想要重用自己的晋献公,并且宁死不从。晋献公没有勉强他,而是按照当时朝中大臣的建议让百里奚成为众多陪嫁奴仆中的一个。

就在晋献公女儿出嫁的路上,百里奚悄悄地溜走了。

这件事当然不可能不被发现,秦穆公和晋献公的女儿成婚之后,核对陪嫁奴仆的名单,就发现少了百里奚。但是正值新婚大喜,秦穆公满不在意地对大臣说:"不过是少了一个陪嫁的奴仆,没什么了不起的,就不要追查了。"刚好朝中有一个从晋国投奔秦国的武士公孙枝,他早就仔细观察过百里奚,认定他是将相之才，就马上向秦穆公禀报。秦穆公一听，内心也非常想找到百里奚。

而这边，百里奚从陪嫁的队伍中逃跑之后，就一直跑到了楚国的边界，但是却不小心被边境线上的楚兵当作奸细抓了起来。百里奚慌忙解释自己是逃难的虞国人，因为国破，原来放牛的主人家也都不在了，所以就跑了出来。楚兵看他已经是一把老骨头了，看起来又很老实，就将他留了下来专门放牛。没多久，百里奚就将牛养得又肥又壮，深得楚兵的赞赏。这件事传到了楚王那里，就派他到南海去放马。

也就在这时，一直寻找百里奚的秦穆公终于知道了他的下落，于是决定准备一份厚礼跟楚王交换百里奚。

公孙枝马上站出来表示反对，他说："大王，您准备用这么厚的礼物将百里奚交换回来是万万不可的，这样我们可能会永远失去一个人才。"

秦穆公疑惑地问："那依你来看，怎么办才好？"

"我觉得应该按照普通奴仆的价钱，也就是五张羊皮将他交换回来。"公孙枝说。

果然，秦国的使者按照公孙枝的办法，来到楚国对楚王说："我们国家有一个叫百里奚的奴隶，他触犯了法律之后逃跑了，听说他躲在了楚国，希望您能让我们将他赎回去治罪。"同时献上了五张黑色的羊皮。

楚王想都没想就让人把百里奚装上囚车，跟随秦国的使者到了秦国。到了秦国，秦穆公马上前来迎接，并真诚地拜请百里奚作了秦国的相国，百里奚也因此有了"五羖大夫"的称号。

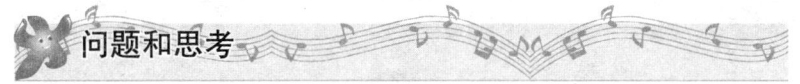

问题和思考

听完了故事大家可以仔细思考一下,你知道公孙枝是怎样判断出只用五张羊皮就可以交换回百里奚的吗?

答案和解析

这就是反向判断的智慧了,试想,如果秦穆公真的准备了厚礼去交换百里奚,那岂不是告诉楚王百里奚是可造之才,不可或缺。那楚王当然不可能拱手把这样一个大贤者送回秦国了。反过来,只用当时奴隶的市值五张羊皮来交换百里奚,根本不会引起楚王的怀疑,楚王还会很乐意卖一个人情给秦国,所以会不加考虑就将百里奚送到了秦国。正是这种巧妙的判断让五张羊皮换来大贤人的故事成为千古佳话。怎么样,这下子你都清楚了吧?

死后妙计擒刺客

在中华五千年的历史中,有很多大智者算无遗策,留下了许多值得品味的智慧故事。但是一个人活着的时候想要运筹帷幄还算容易,死了之后仍然可以掌控局势,你相信吗?其实,远在战国时期,就有一个真实的例子,用自己的聪慧在死后让杀害自己的凶手得到了应有的制裁。这个人就是苏秦,是战国时期非常有名的说客,而且他的身上还佩戴着六个国家的相印,口才之好,谋术之高,判断之强自然是常人无法匹敌的。

苏秦这个人有太多传奇,最初他在赵国担任相国,他为了防止当时强大的秦国进攻自己的国家,采取了"激将法",出乎所有人意料地将自己以前的同学,同样才能非凡的张仪激到了秦国。可想而知这位才华不亚于苏秦的张仪到了秦国,一番言论说得秦王马上心服口服地拜他为上卿。按理说这个时候被激来的张仪或许会产生想要报复的想法,苏秦早就安排好的门客适时将苏秦的用心告诉了张仪,称苏秦这样做只是为了激发张仪的上进心。刚刚被拜为上卿的张仪听了之后感激涕零,倾尽自己毕生之力说服秦王不去攻打赵国,这个"激将法"使得秦国和赵国维持了长达15年的和平。

之后齐国和魏国一同攻打赵国，苏秦开始设下的六国共同抗击秦国的计划也就在这个时候瓦解了，于是苏秦跑到了北方的燕国，不久之后又再次离开燕国前往齐国。苏秦的嘴皮子功夫可不是浪得虚名的，在他一番高谈阔论之下，求贤若渴的齐王立即将其奉为上宾，对苏秦的礼遇和封赏都是前所未有的。但是俗话说得好，树大招风，苏秦受到齐王这样的待遇很快就激起了齐王身边原来臣子的嫉妒，他们甚至不惜花费重金请来刺客前去刺杀苏秦。终于一天，有位刺客趁苏秦不注意的时候重伤了他，逃之夭夭。

苏秦此时的心境是可想而知的，一生纵横捭阖，指点江山，怎么也想不到自己竟然会死于小人手中。但是苏秦这样的大智者也绝不会白死，死也一定要将凶犯捉拿归案，为自己报仇。于是他绞尽脑汁想出了一个妙计，可以让凶犯落网。

他对前来探望的齐王说："我已经重伤，回天无力。等我死后，您一定要为我报仇。您只要昭告天下，说事实上我是燕国派来颠覆齐国的奸细，十恶不赦。并且选个热闹的日子在闹市之中将我五马分尸，将我的家人也都逐回燕国。这样的话，刺客就一定会浮出水面的。"

齐王含泪答应了他的要求，待苏秦咽气之后就按照他的计策一一实行，果然刺客露出了水面，也将一干人等通通交代，齐王顺利地为苏秦报了仇。

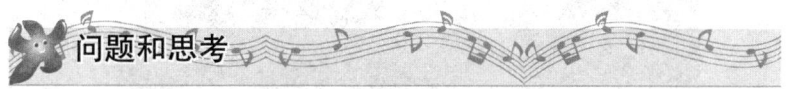

问题和思考

你知道苏秦的计策是什么吗？他是如何在死后仍然能够判断全局的呢？

答案和解析

大家可以想象一下，齐王宣告天下苏秦是奸细，罪该万死，现在刚好死掉了，真的是一件值得高兴的事情。但是苏秦是死在谁的手里呢？这个人也就是齐国的英雄了，应该重赏才对。这时候凶手看到齐王将苏秦家人逐出国境，将苏秦五马分尸，自然不会有任何的怀疑就会跑出来领赏，齐王自然可以抓住凶手了。苏秦之所以做出这样的判断，是因为他善于使用逆向判断，凶手刺杀了自己要逃跑是因为齐王赏识重用自己，那么一旦自己成了罪人，所有的角色也就会颠倒，凶手也自然可以成为英雄。一个人会逃离凶手的名号，也会迎接英雄的称呼，所以凶手一定会自己出来的。苏秦从反方向思考，牢牢抓住了凶犯的心理，自然可以在死后为自己报仇。

坐山观虎斗

陈轸在历史上并不是流芳千古的名将,他辗转在几个国家之间,很少得到重用,但是他"坐山观虎斗"的故事却一直流传了下来。这个故事发生在陈轸去秦国的时候,秦惠王知道他到来了十分高兴,亲自召见了他。

秦惠王之所以这么热情是因为他当时正充满野心,当时韩国和魏国之间的战争已经进行了一年多的时间,这对秦国来说的确是个很好的机会。秦惠王在和陈轸一番寒暄之后对他说:"我看战争进行一年多了,人民苦不堪言,我想要解救他们。大臣们有的赞成,有的反对,先生您有什么意见呢?"

陈轸看着很是烦恼的秦惠王,胸有成竹地问:"大王您想要一统天下吗?"

"当然想。"秦惠王回答,"先生可是有什么妙计?"

陈轸淡定地笑了笑说:"妙计谈不上,不过我倒是可以给大王讲一个卞庄子刺虎的故事。"

于是陈轸开始讲述:从前有一个以开旅馆为生的叫卞庄子的人,虽然他只是个旅馆小老板,但是平时就非常喜好武术,自己也常常练武健身,在当地也算得上是十分有名的壮士。

不知道从什么时候起，当地山里出现了两只老虎，这两只老虎常常出来祸害家畜，偶尔还会咬伤咬死人，使得当地的百姓整日战战兢兢。卞庄子看到这个现象，就立志要为村民除去老虎的祸害，于是他特意买了一把青铜剑准备去捕杀老虎。

卞庄子刚刚上路就遇上一个气喘吁吁跑过来的牧童，牧童大喊道："不好了不好了，那两只老虎又来了，就要把我的牛吃掉了！"卞庄子一听更是不敢耽误，马上拎着宝剑和牧童一起向山上跑去，只见一大一小两只老虎正在同时撕扯一头牛，牛还在挣扎，卞庄子一看哪里还忍得住，提着宝剑就要上前。

这时候，同时和他跑出来的旅馆里的小伙计却拽住了他，小伙计说："不要着急，这一大一小两只老虎正津津有味地吃着这头牛，这头牛明显是不够的，到最后它们一定会争抢起来，如果它们之间发生搏斗的话一定会有一只老虎死去，另外一只老虎也必定会受重伤。到时候你再前去杀掉那只受伤的老虎，不是轻而易举的吗？"

卞庄子认为伙计说得很有道理，于是他们就一起在树林中隐藏了起来，静静地观察两只老虎的动静。果不其然，一会儿两只老虎就为了剩下不多的牛肉争夺起来，又是扑又是咬，打得不可开交。最后，大老虎将小老虎咬死了，自己也遍体鳞伤，在原地喘息着休息。卞庄子马上抓住这个时机提着剑猛扑过去，将重伤的大老虎杀死了。

秦惠王听了这个故事点了点头，赞赏地对陈轸说："先生的意思我明白了。"最后，秦惠王按照陈轸的计策轻而易举地消灭了韩国和魏国。

问题和思考

你知道陈轸讲这个故事的原因吗?如何判断才能实现秦惠王一统天下的愿望呢?

答案和解析:

陈轸之所以讲这个故事是因为他想通过这个故事告诉秦惠王,既然韩国和魏国的战争已经进行了一年多了,那么这两个国家肯定都受到了一定的损伤。不过现在还不是出手的时候,要学会判断时机,从相反的角度判断,他们越是争斗对自己就越有利。终会有一方在争斗中灭亡,没有灭亡的一方也会受到重创。这时候秦惠王再用重兵去攻打他就一定会像卞庄子一样轻而易举地取得胜利。做判断不能只是从正面思考,反过来想,想要征服就先要放纵,等到对方元气大伤再狠狠重创,这就是逆向判断的魅力。

李牧装胆小退匈奴

在镇压匈奴的著名将领中，李牧也许不是最有名的，但是他的评价是最有趣的。李牧最广为人知的评价就是"胆小如鼠"，大家很难想象一个带兵打仗的将领竟然胆小如鼠吧？尤其这个将领还长期驻扎在雁门关一带防御匈奴的侵扰就更加难以和这个词联系在一起了。究竟是怎么回事呢？让我们一起走进故事中去看个究竟吧。

李牧绝对是难得的好将领，镇守边关是一件辛苦的差事，相对来说权力也比较大，李牧常常可以根据情势自行任命官吏，对当时边关的治理也做出了一定的贡献。对待士兵就更加好了，经常宰杀牛羊犒劳将士，亲自教导士兵们骑马射箭，非常优待自己的手下。但是即使是一位好将领，也无法逃离"胆小如鼠"的评价。这是因为李牧曾经下过一道死命令：如果匈奴前来侵扰，所有的士兵必须退进堡垒防守，不可以主动出击。而且，如果有士兵擅自出击捉拿匈奴就要军法处置。

这不是胆小是什么？抗击匈奴怎么能依靠防守呢？大家虽然议论纷纷，但是将军的命令却是没有人敢违抗的。

因此，每次匈奴前来侵扰的时候，士兵们都在堡垒之中严密防守，绝不擅自迎战。这样几年下来，虽然胆小的称号众所周知，但是胆小的好处也很明显，几年里边关都没有什么损失。可是匈奴人都认定李牧胆小，甚至一部分赵国士兵也这样认为，赵王更是严厉地批评了李牧。但是李牧却是一如既往，只是防守，绝不出击。赵王一怒之下就重新指派了将领镇守边关。

新将领上任大概一年左右，匈奴再次大举来犯，新将领毫不含糊地带着士兵们前去迎击，没想到竟然损兵折将，一次伤亡比一次重。边境人民也不得安宁，放牧和耕种都变得困难。当地百姓纷纷请愿重新派李牧回来，赵王没有办法，只好重新指派李牧。但是李牧却称自己抱病在床，无法出任。无奈之下，赵王只得答应李牧可以按照自己的想法镇守边关。

李牧再次回到了边关，似乎什么都没有改变，他依旧按照自己原来的作风制定军规，严密防守。几年来匈奴们虽然进攻了数次都没有斩获，但是也毫不惧怕，认为李牧就是胆小。这边赵国的战士也十分希望可以痛痛快快地与匈奴打上一仗。李牧也觉得时机已经成熟了，就挑选了一千三百多辆战车，一万三千多匹战马，还有手下锻炼多年的十五万勇士，箭法精准的十万名士兵一起进行了一次军事演习。在这次演习中，李牧还组织了大量的百姓在观看。匈奴派出小股部队前来试探虚实，李牧马上装作十分胆小的样子逃跑，许多百姓被匈奴俘虏。

匈奴单于听说了这个消息之后十分高兴，更是认定李牧一定是胆小如鼠，于是马上亲自率领精锐部队前来入侵。没想到李牧早就已经部好了灵活精准的战阵，从两边将匈奴的兵马团团围住，匈奴几十万人马损失惨重。李牧解救了百姓，又乘胜追击，打败东胡和林胡，只有单于一个人勉强逃命了。

这场令人惊讶的战役发生之后的十多年时间里，匈奴都不敢靠近赵国的边界，听到李牧的名字更是吓得逃得远远的。

问题和思考

你知道李牧是如何获得这样一场胜仗的吗？你怎样看待他的"胆小如鼠"呢？

答案和解析

其实李牧根本不是胆小，这只是他聪慧的表现，他分析了匈奴的心理，从反方向考虑判断，认定如果自己只是坚守，虽然不会取得胜利但是也不会有损失，而这样可以降低匈奴的警惕性。反向判断最大的好处是可以充分掌握匈奴的心理，这样知己知彼，一方面故意示敌以弱，一方面不断锻炼强化自己的能力。再故意布下陷阱，以演习害怕的形式逃跑，匈奴一定会前来追击，这样可以攻其不备，可以说李牧正是通过这样从相反方向思考，用几年的时间布了一个战局，才赢得了边界十几年的安宁。

5

韩信背水一战

公元前204年，韩信和张耳刚刚平定了魏国，又一次取得了一场战争的胜利。几万的大军浩浩荡荡地前进，准备通过太行山向东攻打赵国。赵国得知之后，派陈余集中了整整二十万兵力，守在太行山区的井陉口准备伏击韩信。

井陉口的地形非常适合伏击，而且易守难攻。井陉口往西是一条整整百里多长的狭道，两边是高高直立的山峰，道路狭窄，却是韩信通过太行山的必经之路。

赵国军中也有很有能力的谋士，其中有一位叫李佐军，他向陈余献计说："韩信用兵如神，我们也要多做防范，不如在正面死守不战，再派出一小队士兵悄悄地绕到韩信的后面，切断他们的粮道，这样就可以将韩信的大军困死在井陉口的狭道之中了。"但是陈余生性狂妄，他觉得韩信只有几万人，而且千里赶来，车马劳顿，自己如果避而不击的话一定会被其他诸侯看笑话的，所以没有采纳李佐军的建议。

韩信当然没有贸然地进入井陉口，他派人探知消息之后，就命令大军在距离井陉口三十里的地方扎营。等到半夜，韩信暗暗派出两千名轻骑，每个人带上一面汉军旗帜从旁边迂回到赵军大营的背后埋伏。韩信嘱咐道："等到两军交战的时候，赵军看到我军败逃，一定会全体出动追赶我们，到时候你们就在后面火速冲进赵军的军营，将所有赵军的旗帜统统换成我军的红旗。"安排好之后，就带领其他汉军向井陉口进发，到了井陉口之后，却出乎所有人意料地命令大军渡河，背水排下阵列，高处的赵军远远看了，都禁不住取笑韩信。

因为兵法上说作战的时候需要背山面水，这几乎是每一个行军打仗的人都知道的常识，所以赵军看到传说中的名将韩信竟然会犯这种低级的错误都觉得很好笑。

开战的时候，韩信特意设置起大将的阵仗，率领部队进军井陉口，陈余果然率军抵抗，想要生擒韩信。不久韩信就假装自己不敌对方，丢弃旗帜和战鼓，命令士兵逃回河边的阵地。陈余果然不出所料，命令全体士兵一起出营追赶。汉军背后是水，无路可退，只能和赵军拼杀，异常凶猛。整整拼杀了半天，赵军也没能获胜，这时候一些赵军发现自己的军营里面竟然插满了汉军的大旗，士兵们以为韩信已经让人攻下了自己的大营，因此军心大乱，汉军趁机反击，赵军大败，陈余也死在了这场战争之后。

问题和思考

在这场战争胜利之后，很多军官问韩信："兵法上说背山面水，您为什么要反其道而行呢？没想到竟然还胜利了，您是怎么做出判断的呢？"这是不是也是大家想问的问题呢？大家想到答案了吗？

答案和解析

韩信是从反向判断的逻辑进行思考的,军法上这样说,是因为背水而战就是死地,但是也有一句话叫作"置之死地而后生",韩信对抗陈余,也就是几万士兵对抗二十万大军,对方又占尽了地利,想要取胜是非常困难的。因此在巧妙地安排了两千轻骑插旗迷惑赵军的同时,也要最大限度地激发汉军本身的求生意识和作战意识。背水而战,根本没有退路,所以汉军自然就会为了性命奋力杀敌,绝不后退,这才取得了战争的胜利。生活中的我们也时时刻刻都需要做出大大小小的判断,这时候一定要兼顾正向的判断和反向的判断,也许反向的那个才是最正确的判断哦。

6

张良封侯计

　　大家知道,刘邦在夺取天下的过程中得到了很多能人贤士的帮助,但是在他得到天下之后却渐渐将这些人忽略了。一天,刘邦在洛阳附近散步,远远看见许多将军聚在一起像是在发牢骚的样子,就想过去看个究竟。没想到刚刚走近,他们就立即停止了议论。刘邦观察到他们脸上分明还带有埋怨的意思,看得出对自己很有意见。

　　于是刘邦立即找来了张良询问此事,张良也不隐瞒,直接说:"将军们聚在一起议论的是造反的事情。"

　　这还了得,刘邦完全没有料到事情竟然是这样,自己刚刚平定天下,做了汉朝的帝王,现在天下尚未安稳竟然已经有人准备造反了,这实在是让他又惊又急。于是刘邦赶忙询问张良事情的详细情况。张良细细分析说:"陛下斩蛇起义,一路上过关斩将,将士们全都跟着出生入死,也正是依靠这些将士才真正得到了天下。现在陛下您打败了项羽,登上了皇位,这些将军们最关心的就是赏赐和分封土地。但是陛下现在分封的都是和自己亲近的人,惩处的都是那些和自己有过节的人。在这种情况下,将军们一面希望陛下尽快给他们赏赐和分封,一面又特别担心自己得不到封赏不说还可能会被处罚。所以他们才不得不聚集在一起讨论造反的事情。现在正是最紧急的时候，如果处理得不好就很可能会引发国内的动乱。"

刘邦一听也悔不当初，连忙问："事情到了这个地步，还有什么办法可以挽回吗？"

张良笑了笑，不慌不忙地说："臣有一个计策，可以挽救这种局面，陛下请先告诉我，在所有的将军里你最讨厌，并且所有将军都知道你讨厌的人是谁？"

事情到了这个地步，刘邦也就毫不隐瞒地说："在所有的将军中，我最讨厌的就是雍齿了。雍齿作战非常勇猛，也立过很多战功，在士兵中有很高的威望。但是他最让人恨的就是仗着自己的功绩不顾君臣之礼，对我说话毫不尊重，在大臣们面前也时常给我难堪。但是当时正是用人之际我也就忍耐了。现在要不是看在他多次立过战功的份上，真想杀了他以解我心头之气！"

没想到刘邦一番愤怒的发泄竟然让张良拍手笑道："这下就没有问题了，陛下现在马上下旨册封雍齿为侯，将军们就再也不会造反了。"然后又将这样做的原因细细禀告给了刘邦。

刘邦立即采纳了张良提出的计策，并且设下酒宴，当着所有大臣和将军们的面亲自册封雍齿为什方侯，又赏赐给雍齿许多的奖励。果然，那些原本还聚在一起商量造反事宜的将军们都高高兴兴地吃起了酒宴，完全消除了怨恨，再也不提造反的事情了。

问题和思考

你知道张良做出封雍齿为侯的判断的原因吗?为什么那些将军们都不再想着造反了?如果是你,你有什么更好的办法吗?

答案和解析

张良之所以做出这样的判断正是采用了反向思维,既然大家担心不能被封赏,并且可能被处罚而想要谋反,那么从相反的角度思考只要去除大家的这种担忧就好,但是短期内又不可能每一个人都封侯。选择雍齿的原因是,刘邦最讨厌的人就是雍齿,而这个是众所周知的,大家原本看到刘邦只加封亲近的人而处罚讨厌的人,但是现在刘邦连自己最讨厌的雍齿都封了侯,其他的人自然不会再担心了。他们吃过酒席之后都安安心心地等待着刘邦封侯,谋反的事情自然就不了了之了。反向判断,有时候可以解决一件小事,有时候可以获得想要的东西,有的时候则可以挽救整个国家,只要大家能够正确地运用它,就会发现其中蕴含的大智慧。

出奇的判断

李广阵前空城计

李广这个名字大家都不会陌生，在许多的诗词和历史故事中我们都能看到这位"飞将军"的风采，尤其是他在打击匈奴的历史上更是留下了无数的功绩。汉景帝的时候，匈奴很猖獗，大举侵犯当时的上郡，皇帝大怒，派身边一个亲信宦官跟随李广一起训练部队，抵抗外敌。

一天，这个宦官带着几十个骑兵到外边训练，没想到竟然遇到了三个匈奴，宦官见对方只有三人，就命令交战。没想到这三个匈奴骑术和箭术都非常高超，不但将几十个骑兵几乎全部射死，还射伤了那名宦官，宦官仓皇之下带着剩下的几个骑兵逃到李广之处。

李广仔细查看了他们的伤势后说："这三个人在匈奴中肯定也是射雕的能手。"边说着边召集了手下一百多名骑兵去追赶那三个匈奴。很快就追上了那三个步行的匈奴，李广张开弓，两箭出去，两个匈奴就丧了命，剩下的一个也吓破了胆，李广活捉了他，一审问果然是射雕人。于是李广下令将这个俘虏绑在马上准备回营，远远的尘土飞扬，几千个匈奴骑兵

飞奔而来。

匈奴骑兵看见李广他们一百多人，竟然停止了前进，他们早就听说过"飞将军"的威名，害怕眼前的百来人是汉军故意设计的诱敌之计，一旦前去就会中了汉军的埋伏。因此，匈奴骑兵更加小心谨慎，远远地在山上排开阵势，准备找准时机开战。

而这边，李广手下的骑兵们突然看到匈奴的大批骑兵也非常吃惊，第一反应就是调转马头迅速撤退。但是却遭到了李广的阻止，他反而命令大家继续前进。兵令如山倒，将士们都训练有素，对李广又非常敬畏，所以马上服从了他的命令。很快，他们距离匈奴骑兵只剩下二里远了，李广才下令部队停止前进，又命令大家把马鞍卸下来。

这下子骑兵们更是疑惑不解了，敌人的人数明明是自己的十几倍，又离得这么近，一旦对方发起冲锋，卸掉马鞍的自己马上就会被杀死。但是李广说服了他们。

过了一会儿，匈奴兵实在按捺不住了，就派了一个骑白马的匈奴将领离开阵形检查自己的部下。说时迟那时快，李广迅速飞身上马，带着十几个心腹骑兵向那个匈奴将领冲杀而去，只一箭就将那个将领射死在地了。李广又马上回到自己的队伍，卸下马鞍继续休息。

天色渐渐暗了下来，两方仍然对峙着，匈奴骑兵始终有所疑虑，因此一直也没有发起攻击。就这样僵持到了半夜，匈奴骑兵实在害怕汉军发起偷袭，就悄悄地撤走了。李广一直等到第二天天亮，敌军完全没有踪迹了才带着自己的一百个骑兵返回军营。

问题和思考

为什么李广不逃跑反而上前呢？你知道他是如何判断的吗？

答案和解析

李广的一百骑兵当然敌不过对方上千骑兵，对方看见自己不敢进攻，反而改成防御的阵形，明显就是不知道自己的虚实，害怕有埋伏。这时虽然李广他们距离敌军有好几十里路程，但是如果仓皇逃跑，就是告诉对方自己没有后援，那么对方追上来一番乱射，自己也马上就会被杀死。从反方向思考，可以做出这样的判断：如果自己不退反进，对方一定认为自己在用诱敌之计，因而有所顾虑不敢袭击。卸下马鞍也是为了迷惑敌人，使对方认为自己绝对不会逃跑，也就使对方更加相信这一百多人是诱敌的骑兵，更加不敢进攻了。正是基于这个反向判断，上演了这场在对方阵前唱的空城计，使得李广和其部下安全脱身。怎么样，飞将军名不虚传吧？

假犯人

　　明朝时，周新在浙江做按察使，主要负责当地的司法工作，他断案严明，很快就迎得了百姓的好评。但是不久他却碰到了一桩难办的案子。有一个当时已经在杭州监狱里关了很久的老囚犯突然向监狱官告状，状告一个叫范典的人，声称当年范典和他一起做强盗，杀人越货，罪孽深重。

　　监狱官不知怎样处理，只好将状纸呈给周新，于是周新命令将那位老囚犯的案宗拿来审阅，一番思考之后也没有什么头绪，于是便将范典传到衙门审问。

　　范典莫名其妙地被安上了这样一个罪名，只能扑倒在公堂上大呼冤枉。周新不动声色，暗暗观察范典的神色，发现他所说之话的确都是发自肺腑，于是断定他应该是清白的。但是如何才能证明他的清白呢？周新认真地想了想，定下一个计策。

　　第二天，周新派人将状告范典的老犯人召到公堂上审问，老犯人跪下听候审问的时候，周新突然将惊堂木狠狠拍下，大声说道："范典，你的同伙已经被带到，还不跪下认罪？"站在一旁的人马上跪在老犯人旁边。这时候周新对老犯人说道："你状告他是你的同伙，但是他并不认账，现在你们当面对质，你看看这个人是不是你的同伙？"

老犯人看了看跪在他旁边的人，言之凿凿地说："大人，没错就是他，即使他化成灰了我也会认得他，就是他和我一起抢劫的，罪不可赦，大人您一定要惩罚他啊。"

跪在一旁的人只是低着头，根本不说话。周新再次问道："难道他不是范典吗？"

"此人正是范典"老犯人看了看旁边的人，斩钉截铁地说。又将范典住在哪里，什么时间和自己一起抢劫，怎样分赃等都详细说了一遍。

周新听了这话，十分生气地呵斥道："大胆犯人，竟然敢诬赖好人，还不从实招来。"

果然，在周新的逼问之下，老犯人交代自己是受一个负责收税官吏的收买诬告和那个官吏发生过节的范典的。

问题和思考

你知道周新是凭什么判断老犯人是诬告的吗？他是如何进行判断的呢？

答案和解析

相信大家也猜到了，跪在老犯人身边的根本就不是范典，而是周新找来假扮范典的一个人，他只是穿上了范典的衣服跪在那里。但是老犯人却一口咬定这个人就是范典，这说明他根本就没有见过范典，更不可能和他一起抢劫了。周新并没有从正常的思维模式出发去思考范典是清白的，而是从相反的方向判断，将解决问题的方法限定在证明老犯人是说谎的问题上。所以才导演了这样一出戏，成功地证明了范典的清白。

狄青掷铜板稳军心

相信大家都听说过很多关于狄青的故事,他智勇双全,可以说是战无不胜,攻无不克。同时,他做判断时候的智慧也是值得我们去学习的。如果我和大家说,狄青迷信鬼神是不是没有人会相信呢?我也不相信,但是不迷信鬼神的狄青的确依靠"鬼神"赢得了一场漂亮的胜仗,就让我们一起来看看这个故事吧。

说起狄青,其实开始的时候他也不过是一个小兵,而且还犯过罪,脸上受过黥刑,这使得他的脸上一直留着一块黥痕。其实宋仁宗曾经建议他用药去掉脸上的疤痕,但是狄青却指着自己的疤痕坚定地表示:"陛下不问出身,不问过去,因公提拔臣下,这是陛下爱惜人才的表现。臣留下这个疤痕正好可以鼓励军中的将士,让大家感到陛下的圣明。"这块疤痕在后来也真的就成了狄青的标志。

当时侬智高起兵谋反,宋仁宗决定派大军前去镇压,却对统领大军的将领人选犹豫不决。宋仁宗听到狄青对这块疤痕的分析后,觉得他非常贤能,因此对狄青更加器重,就任命狄青为大将军,率领大军前去平定谋反。

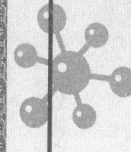

狄青领命之后就带着大军浩浩荡荡地前进了，但是没有想到大军行至桂林的时候，因为路途实在艰险，军心有些动摇了，一些士兵竟然认为这是神明故意阻止他们前去攻打侬智高，这种想法传来传去，一些士兵就开了小差。狄青看到这个现象决定想个办法好好动员一下全军的积极性。

第二天，狄青将所有的将士召集到一起说："这次我们前去南方讨伐叛军，一路路途险阻不知是吉是凶，既然如此，只好交由神明来定夺了。一会儿我随便往地上扔100个铜钱，如果铜钱个个正面朝上，那么便是吉。如果有任何一个铜钱正面朝下，那么便是凶。我们没必要继续拿士兵们的性命开玩笑，如果是凶，就即刻班师回朝。"将领们一听大惊失色，运气再怎么好，100个铜钱扔下去也不见得可以个个正面朝上啊！于是大家纷纷规劝狄青，担心不战还朝会惹怒龙颜。

面对大家的规劝，狄青丝毫都听不进去，他安排自己的心腹拿来一袋100枚的铜钱，然后口中念念有词地掏出所有铜钱，闭眼向天空中一抛，铜钱转瞬间哗啦啦地落了一地。将士们赶忙上前围观，没有想到100个铜钱竟然都是正面朝天的！这个消息一下子就传遍了全军，大家全部相信真的是有神明在暗中保佑，否则任何人也不可能将整整100个铜钱抛向空中落地后还全都正面朝上，一时间整个军队都欢呼鼓舞，士气一下子翻了几倍。

狄青又命令心腹拿来100只钉子，将所有的铜钱都保持现在的样子钉在地上，用青纱将这些钉子罩上加封。狄青虔诚地许诺："等到大军得胜凯旋再次回到此地的时候，我一定用厚礼感谢神明，那时候再将这些铜钱收回。"

将士们本来就对鬼神之说深信不疑，看到了这样一番情景，军心大稳。全军士气高涨地加速前进，很快就走出了桂林的艰险，士兵们更是欢欣鼓舞，一路所向无敌平定了侬智高的叛乱。

问题和思考

你知道为什么100个铜钱都是正面朝上的吗？真的有神明在暗中相助吗？狄青想出的究竟是怎样的计策呢，他是怎样做判断的呢？

答案和解析

其实这些铜钱每一个都是上下两面均是正面，狄青故意用这样的计策来激励士气。之所以做出这样的判断，是因为他通过观察发现士兵们迷信鬼神，才会在艰险的处境下士气低落，那么从相反方向判断，鬼神之说既然可以影响士兵们的士气，使其低落，同样也可以使他们士气高涨。于是，狄青利用了将士们这样的心理，导演了这样一次求神明启示的戏，让大家对打败侬智高深信不疑。其实，打仗最重要的就是军心和士气，军心大稳，士气猛涨，自然是攻无不克，战无不胜。反方向的判断也一样可以拨开迷雾的，大家在生活中遇到困扰自己的事情时不妨也利用反向判断来帮助自己做出决定，走出困境。

郑堂烧画擒贼

明朝,有一个叫郑堂的秀才非常有名,琴棋书画样样精通。他在繁华的地段上开了一家字画店,加上本身很有名,很快就生意兴隆。

有一天,一个叫龚志远的人,来郑堂这里典当一件五代的《韩熙载夜宴图》,说是自己的传家之宝,迫不得已才来典当。郑堂自然知道这幅画的价值非凡,所以立即典当给了龚志远8000两白银,龚志远也答应到期之后会归还双倍的白银。

时间一天天地过去了,眼看就到了赎当最后的期限,龚志远还是没有来赎画,郑堂一面觉得高兴一面又觉得有些不妥,于是他将那幅画取出来,在放大镜下仔细查看,他发现这竟然是一幅仿造得非常逼真的假画。

郑堂是同行里的佼佼者,被骗了8000两白银,这个消息在一夜之间传遍了全城。大家没有想到的是,第三天,郑堂竟然在家里办了十多桌酒席,邀请了全城的才子和字画行家相聚一堂。几乎全城有头有脸的人都来了,有些人是来表示安慰的,有些人是看热闹的,有些人是幸灾乐祸的。

喝酒喝到一半的时候,郑堂取出了那幅假画,挂在大厅的中间，大声说："今天请大家来，一是表明我的心意，不管发生什么我还是要在字画行业上继续努力的。二是希望大家能够一起看看假画，免得以后被骗子钻了空子。"

大家一一观看完之后，郑堂将这幅画愤恨地扔进了火炉说："不能留着假画害人。"郑堂烧画，一夜之间再次在全城造成轰动。

没想到第二天郑堂来到店里的时候，却看见了龚志远早已坐在那里，说是因为有事情耽误了归还银子。郑堂笑笑说："只是耽误了三天，没有关系，但是需要加收三倍的利息，总共15240两银子。"

龚志远早就知道郑堂已经将那幅画烧了，所以一点都不害怕说："没有问题，还请郑先生把画取出来。"郑堂进去取了画出来递给龚志远，龚志远将银两递给郑堂后展开画，正想要斥责郑堂时突然两腿一软，瘫在了地上。原来郑堂当众烧毁的那幅画是他自己仿造的一幅画。

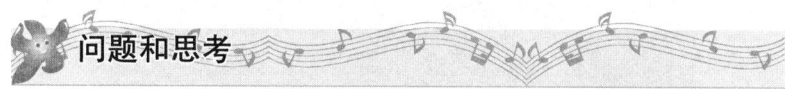

问题和思考

想一想，你知道郑堂怎样做出龚志远一定会回来赎画的判断的吗？

答案和解析

故事中的郑堂知道了自己受骗之后并没有惊慌，而是认真地思考起来，龚志远设下这么大一个圈套，明显是为了骗取更大的利益。那么从逆向来判断，就可以知道如果有更大的利益摆在面前，龚志远一定不会放弃。他当众烧掉"假画"，龚志远为了占更大的便宜，一定会前来赎画，无画可赎就可以进一步索要赔偿。而原本的假画郑堂其实动都没有动过，所以龚志远看到自己的那幅画时，瞬间就知道自己被骗了，损失了大笔的银子。骗骗子，郑堂烧画的这个办法确实很高明吧？但是更高明的却是逆向思维的这种判断方法。

度尚火烧军营

汉桓帝时期，历史再次进入了战乱不断的状态，到处都有起义之师，烽火四起。尤其在当时的荆州一带，更是聚集了大批人马互相厮杀，搅得当地百姓生活不得安宁。荆州刺史叫度尚，他看到百姓民不聊生的样子很是痛心，因此在本地招募成年勇士，组成州兵在荆州的地界内巡逻，守卫家园。这样持续了一段时间，效果非常好，老百姓的生活终于逐渐安定了下来。

不久，再次杀来了一支队伍，这支队伍因为一路上沿途抢劫，几乎每个士兵都怀揣大量的金银珠宝。度尚和以往一样带着自己的州兵抗击，很快就取得了胜利。但是这些州兵原本就是从乡间的勇士们中召集起来的，不是真正的兵士出身，因此并没有太严明的纪律。他们杀死了前来骚扰的敌人之后，就纷纷将敌人携带的财宝据为己有。这样几次之后，虽然杀死了很多的敌人，但是腰包鼓胀的州兵们再也不像以前一样卖命了。因为有了钱可以吃喝玩乐，这些州兵更加爱惜起自己的生命，打起仗来再也没有从前的威风。

度尚看到这个现象十分头疼，虽然他很想制裁一下以儆效尤，但是法不责众，州兵们可以说是个个如此，总不能把所有

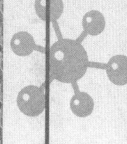

的人都治罪。但是除了这个方法,还有什么办法能够重新调动起州兵们的作战积极性呢?度尚苦思冥想,还是没有办法。一天,他看到一个州兵小心地把自己的钱收藏起来,突然有了新的思路,一条妙计就这么出来了。

第二天,度尚出乎所有人意料地宣布所有的州兵放假一天,但并不是让他们回家探亲,而是允许州兵们外出打猎游玩,可以打一些野味来作为口粮。州兵们自然十分高兴,三五成群地结伴而去了。等到州兵们走远之后,度尚竟然安排得力的手下在军营放了把火,火借风势,一会儿工夫,军营就被烧了个精光,一同烧掉的还有那些州兵们从敌人身上抢来的金银。唯一没有什么损失的便是州兵们带出去打猎的兵器。

问题和思考

你知道度尚为什么这么做吗?之后又会发生什么呢?这和调动州兵们的作战积极性又有怎样的关系呢?

答案和解析

度尚这样做的原因当然是为了调动州兵们的积极性,他考虑到州兵们是因为有了金钱才开始没有当初作战的锐气。那么从反方向来思考就可以做出这样的判断:一旦金钱消失,回到最初的样子,州兵们的积极性也会重新被调动起来。于是度尚安排了这样一个计划,他故意放假让大家打猎,一方面可以支走州兵们,一方面也可以保全兵器。

等到州兵们回来,看到损失殆尽的军营和钱财,自然十分心疼和气愤，这时候度尚再出来宣布，是敌人趁着自己方面军营空虚前来偷袭，烧毁了军营，使大家蒙受损失。顿时就将州兵们对敌人的气愤抬高了。度尚又借着大家锐气正盛的时候鼓动说："金银财宝损失了没什么，敌人那里有的是，想要的话，咱们弟兄们一起去夺。"大家一听，马上在度尚的带领下杀向敌营，个个都能够以一当十，杀得敌人溃不成军，一路溃逃到百里之外，许多敌人听说荆州的州兵如此厉害，都不敢前来侵犯。而州兵们也确实得到了敌人的大量财产辎重。度尚这一判断虽然是从相反的方向思考，但结果却是正面的，这也再次向我们展示了反向判断的强大。

刘坦开城惑敌

看过《三国演义》的人肯定对诸葛亮的空城计记忆深刻，但是在历史上用空城计退敌的却不止诸葛亮一个人。南北朝时，刘坦就非常巧妙地使用这个计策成功地迷惑了敌人，达到了自己的目的。

刘坦当时是长沙的太守，以足智多谋而著称。当时王僧粲起兵造反，自称湘州刺史，首先领兵攻打长沙。刘桓得知这个情况之后，一边注意调兵迎击敌人，一边时刻留意内部动向。

果然不出刘坦所料，当时长沙城外有一个很有势力的家族，组长叫钟玄绍，他早就已经和王僧粲勾结，准备响应起义。刘坦派出去的密探将钟玄绍打算第二天晚上动手的消息报告给了刘坦。其实这时候情况十分紧急，因为刘坦手下的大军这个时候都在边防线上阻击王僧粲的军队，抽调回来根本来不及。而长沙城内留下来的守军都是老弱病残，根本不是钟玄绍的对手。手下的人都感到无计可施，但刘坦只沉思片刻就说："不必惊慌，我们还可以迷惑敌军。"

刘坦马上派手下可靠人前往前线送信，让对方抽调一批人马回城抗敌。另外让手下老弱病残的士兵到各处调防。整整部署了一天，才算是妥当了。到了晚上，士兵们原本以为刘坦会加强防范，没想到他竟然下令打开城门。

等到夜深人静的时候，钟玄绍准备趁黑偷袭，他带领士兵们来到城门外却奇怪地发现城门大开，就连一个守卫的影子都看不到。钟玄绍大惊，刘坦的名声他是听过的，而且白天也早就探听到长沙城中，不断调动兵马，自己原本也做好了偷袭不成就强攻的准备，怎么也没有想到城门大开，这下子完全不知道刘坦葫芦里卖的是什么药了。钟玄绍怎么想都觉得这一定是刘坦的埋伏，为慎重起见，他下令自己的士兵们全部退回，静观其变，宁愿晚一点起义，也绝对不能中了对方的埋伏。

第二天，钟玄绍装作什么都没有发生过的样子去找刘坦攀谈，想要探一下刘坦的口风。刘坦早就知道钟玄绍心里打的是什么算盘，因此故意和他周旋，但暗中已经派人趁着钟玄绍不在的时候去查抄他的家。

钟氏一族的人突然看到官兵前来抄家而族长又不在，只好任由士兵们搜查。不久，就搜到钟玄绍与王僧粲来往的信件，官兵立即带着信件和钟氏的几个主要成员赶回长沙城。刘坦拿了密信，立刻下令逮捕钟玄绍，钟玄绍苦于身边没有自己人，只能束手就擒。刘坦当众公布了钟玄绍的通敌之罪，并将几个重要人物当众斩首，安定了民心，将叛乱在无声之中抹平了。

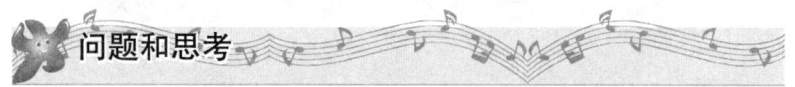

问题和思考

你知道刘坦是如何想出这个计策的吗？这个判断得以成功的理由是什么呢？

答案和解析

这个计策妙就妙在刘坦一反常规,大开城门,反向的行动反而迷惑了对方,使得对方在做出决定的时候缩手缩脚,从而争取到时间和机会。这种反向的判断需要很大的勇气,在部署周密的前提下赌一场,没有一定的气度和勇气是很容易被对方识破的。故事中的刘坦不动声色,淡然处之,大开城门,正常交谈,使敌人完全弄不清楚哪里是实,哪里是虚,因而才能唱好这样一出"空城计"。换了是你,会不会做得更好呢?

第四章

深谋远虑

——判断要将眼光放长远

俗话说"站得高望得远",做判断的时候大家是站在怎样的高度和角度思考呢?我们很多人之所以无法做出出色的判断是因为我们太局限于眼前能够看见的,或者被自己身处的困境迷惑,无法认清事物发展的脉络。如果我们能够跳出自己眼前的局限,将眼光放长远,那么我们就可以看到事情的发展趋势,再根据事情的发展趋势做出判断,这就是深谋远虑。深谋远虑的魅力不仅可以把握事物的发展,更可以让对手无从下手。相信大家一定非常想要见识下这种巧妙的判断,就让我们一起在这一章的故事中领略深谋远虑的风采吧。

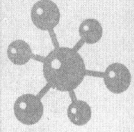

管仲妙计过鬼泣谷

　　大家应该都知道春秋时期齐国的相国管仲，他不但具有辅佐君主的才能，而且推行了许多有利于国家和百姓的举措，使得齐国日益强盛，成为当时的霸主。齐国背面的山戎民族便出兵攻打与齐国联盟的燕国，想要借此削弱齐国的力量。燕国君主亲自率领自己的将士出战，几次都在一个叫作鬼泣谷的地方中了山戎民族的埋伏，两万大军只余下几千人。燕国赶忙派使者到齐国请求援助。

　　齐桓公立即派管仲带领五万大军援助燕国，燕国的大将虎儿斑也带着两千残部加入了管仲的队伍，连连收服了燕国的三座城池。但是，到了鬼泣谷的时候，他却主动对管仲说："这个地方就是鬼泣谷，山戎民族已经在这里伏击我们多次，里面易守难攻，一旦被埋伏就真的是插翅难逃。"管仲早在来的路上就已经做出了过谷的策略，于是让虎儿斑跟随在大军尾部，命令王子城父和赵川两位将军作为先锋官通过鬼泣谷。

　　第二天天刚微亮，一辆辆战车就向鬼泣谷驶去。仔细观察的话可以发现拉着战车的马的嘴都是被铁网笼住的，每辆战车的轮子上也绑着麻皮，这样发出的声音非常小。相反的是，战车上的将士个个都披着甲胄，手握兵器，十分高大，战旗更是高高耸立在山谷中，发出猎猎的声音。

山戎的首领密卢看到这个情况非常高兴，等到齐军进入他们的埋伏圈之后，就马上挥旗命令士兵出击。一瞬间，早就已经埋伏好的弓箭、石头、横木纷纷从山谷两侧的山崖上落下来，许多齐军的战车都被砸毁，很多士兵们也被击中。这时候，密卢带领着部下从山上猛

冲下来，对准那些虽然身中数箭但是仍旧在战车上挺立的士兵狠狠攻击。"咚"的一声，一个齐军士兵的头盔被打掉了，但是密卢发现头盔之下并不是鲜血淋漓的头颅，而是一个木桩。密卢心知中计，想要撤退，但是已经来不及了。王子城父和赵川已经带领着齐军向山戎民族冲了过来，很快就将他们剿灭了。齐军安然无恙地度过了鬼泣谷，也成功地解救了燕国。

问题和思考

你知道管仲是如何做出这样的判断的吗？你能想出比这更好的计策吗？

答案和解析

成大事者很大程度上都善于深谋远虑，不能仅仅考虑眼前的情况。燕国几次通过鬼泣谷都以失败告终，这虽然说明鬼泣谷

的埋伏很可怕，但同时也说明山戎民族惯于在鬼泣谷中布置埋伏。所以只要故意制造通过鬼泣谷的假象，吸引对方发动埋伏，而真正的大军却尾随其后就可以取得胜利了。管仲考虑到天刚亮的时候谷中还有点暗，对方看不清楚虚实定会贸然进攻假军队，所以做出了这样的战术判断。

周亚夫以静制动

历史上有很多将军将领，他们要么运筹帷幄，决胜千里，要么战无不胜，攻无不克，要么饱读兵书，谙熟兵法，但是在那么多的将军将领之中，周亚夫绝对是我最喜欢的一个。也许因为那段历史本身就很吸引人，但在那个历史之中周亚夫判断的智慧一点都没有被湮没。

公元前154年，周亚夫奉汉景帝的命令率领大军前去对抗以吴王刘濞为首的叛军。虽说是带领大军，但其实相对于叛军来讲，周亚夫非常明白自己的兵力实在寡弱，如果直接对抗很难取得胜利。于是他选择将士兵们聚集在河边进行防守，做好了长期坚守的准备，打算等到叛军士气衰落的时候再想办法将其围剿。

不出周亚夫所料，叛军现在锐气正盛，正在激烈地攻打梁国，梁国无法抗衡，已经危在旦夕，梁王因此多次派人向周亚夫请求援助，但是都被周亚夫拒绝了。正在危急之中的梁王一气之下上书汉景帝，请求援助。汉景帝虽然知道周亚夫肯定有所考虑，但是碍于兄弟情面，只能下旨命令周亚夫迅速发兵解救梁国。

传旨的使者向周亚夫高声宣读了汉景帝的圣旨，尽管周亚夫却恭恭敬敬地接下了圣旨，但一丝发兵解救的意图也看不到。使者非常生气，怒斥周亚夫胆敢抗旨不遵。周亚夫仍旧淡定地说："陛下信任亚夫，将指挥权交给我来抗击叛军，所谓将在外，君命有所不受，具体的作战安排要根据实际情况来定夺。现在梁国确实危急，但是守军仍有五万人，城中更是粮草充足，莫说几日，就是坚持半个月也是没有问题的。但是我的大军，虽然囤积在河岸，却是远道而来，人困马乏，战斗力下降。加上叛军强大，不适合决战，所以要先行调整。"使者也没有办法说服周亚夫，只能回去复命。

而这边，周亚夫拒绝救援梁国的消息很快就传到了叛军那里，他们听了之后十分高兴，认为周亚夫不过是个懦夫，因为惧怕自己而不敢迎战。这下子更是完全不把周亚夫放在眼里，而是一心一意攻打梁国。

就在叛军放下心防的同时，周亚夫开始暗暗行动，他调动了一批精兵悄悄切断叛军的粮道。失去粮草供给的叛军自然明白自己不能继续打长久战，所以就马上回过头来，准备攻打周亚夫。周亚夫知道叛军失去粮草十分着急，妄想与他决一死战，他偏偏就只是坚守，避不出战，暗地里却派出轻骑在夜间偷袭叛军。叛军本来失去粮草供给就已经士气衰落，远道而来也更是疲惫不堪，加上周亚夫一而再再而三的骚扰，战斗力早就不如从前。

周亚夫这时故意制造了自己防御松懈的假象，果然，急于做困兽之斗的叛军立刻发起攻击。他们没有想到的是，当叛军进入到周亚夫的中军大营时，四周早就已经隐匿好的弓箭手立时发动，刹那间叛军死伤无数。一夜之后，叛军的兵力几乎全被毁灭，吴王刘濞只能拔剑自杀。

问题和思考

你能看出周亚夫在战场上的判断有哪些出奇之处吗？

答案和解析

周亚夫的胜利离不开深谋远虑，首先他能够看到自己的弱势，因此不会迎战叛军，而是隐忍不发，不贪图眼前的小利。然后拒不出兵救梁使叛军产生轻视之心，放松对自己的防备。在对方放松的情况下迅速开展行动，将对方粮草截断。到了这个时候周亚夫已经拥有了一定的优势，但是他没有只看到眼前的优势就做判断，而是进行更长远的思考，考虑到叛军失去粮草之后的心情和反应，避不出战，几次暗中骚扰，又故意露出破绽，如此这般想要不胜都难。怎么样，大家体会到深谋远虑的魅力了吗？

3 曹操隔岸观火

出奇的判断

隔岸观火这个成语相信大家都很熟悉,因为这本来就是三十六计中的一计,不仅如此,在历史上还有很多故事都和隔岸观火非常相似。让我们来看看东汉末年曹操隔岸观火的故事。

东汉末年,曹操在仓亭打败了袁绍,之后袁绍虽然逃到冀州,但由于兵败一直心情低落,终于不治身亡。曹操刚刚取得一场战争的胜利,斗志昂扬,因此想要趁着这个机会直接讨伐袁氏兄弟,拿下整个河北。一路上,曹操的大军果然势如破竹,很快就打到了黎阳,将袁尚、袁谭、袁熙和高干都困在了这个地方,但是问题也出现了,这四路人马汇合之后竟然合力坚守黎阳,曹操指挥了好多次攻城都没能成功。

正在曹操感到焦躁的时候,他身边的谋士郭嘉却对他说:"我们现在最好不要攻击他们,而是转移兵力到南面去攻击刘表,袁氏的土地很快就会到手。"曹操不解,于是郭嘉给他详细地解释了一番,曹操便欣然同意了。只留下贾诩继续守着黎阳,自己却率领大军前去征讨刘表。

话说袁绍临死的时候,虽然已经决定立自己的小儿子袁尚做继承人,但是他的其他几个儿子都十分不服。原本只是因曹

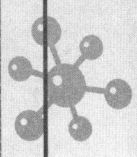

操大军所迫，不得已才联合起来合力抵抗，现在看到眼前的危机已经解除，就纷纷开始为了争夺势力而内讧。不久敌不过袁尚的袁谭便派人前来向曹操求救，这次曹操再次出兵，与上次已经大为不同，有了袁谭的相助，很快就拿下了河北。

战败的袁尚、袁熙兄弟很不甘心，于是投奔了乌桓，曹操一鼓作气继续进攻，很快就击败了乌桓，两兄弟没有办法，只好前去投奔公孙康。但是在这个时候，曹操却无论将领们怎样规劝都不肯继续进攻了，他大笑道："诸位不要着急，少安勿躁，很快袁氏兄弟的头颅就会呈上来的。"他下令全军班师回到许昌，静观其变。

果然，曹操回到许昌之后不久，公孙康就设下埋伏召见袁氏兄弟，在他们到来的时候迅速将二人擒拿，割下二人的首级派人送到曹操的营中，在诸位将领都疑惑不解的时候，曹操却哈哈大笑："郭嘉的判断果然无错啊！"

问题和思考

你知道郭嘉是如何判断的吗？如果你也身处当时的情况，还能想出更好的办法吗？

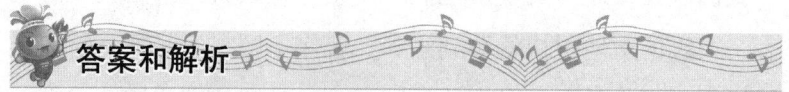

答案和解析

不知道大家有没有看出来，在这个故事里，有两次隔岸观火。郭嘉之所以做出判断规劝曹操静观其变主要是因为黎阳城久攻不下，越攻打就越是会促进袁氏兄弟的团结，撤军之后，反而会使失去危机的袁氏兄弟发生内讧,曹操可坐收渔翁之利。而第二次,郭嘉认为乌桓的事情发生之后,公孙康一定会心存疑虑,也不会愿意因为两个丧家之犬而得罪实力强大的曹操。因此让曹操撤回许昌,不费一兵一卒得到袁氏兄弟的首级。通过郭嘉两次的判断,相信大家再一次感觉到了深谋远虑的重要性,尤其是在我们做出判断的时候,一定要综合身边的种种情况,但又能不局限于眼前,而应考虑更长远的发展,才能做出最准确并且最具有效率的判断。在平时的生活中,大家不妨试一试哦。

诸葛亮锦囊妙计

不知道大家在平时的生活里有没有经常听说锦囊妙计这个词，那么你知道关于这个词的典故吗？其实从字面上我们就可以看出，锦囊妙计，自然就是装在锦囊里的妙计了，但是做判断定计策不是要根据现场情况吗，怎么可能事先装到锦囊之中呢？相信有人已经反应过来了，这自然离不开我们之前几个故事中所说的深谋远虑了，只有将眼光放远，预测到事情的发展，才能够事先在锦囊中装好应对的妙计。让我们一起走进这个充满智慧的故事吧。

这又是一个三国时期的故事，当时的刘备已经得到了诸葛亮相助，在周瑜和曹仁互相拼杀的时候偷偷夺取了南郡、襄阳和荆州，又迅速地拿下了长沙。这使反应过来的周瑜十分气愤，绞尽脑汁想要找到办法夺回荆州。不久之后，刚好传来刘备丧偶的消息，周瑜一听非常高兴，认为这是个十分好的报复机会，就对孙权说："主公您的妹妹非常美丽，而且刚强不输须眉，我们可以用联姻抗曹的名义骗刘备前来迎亲，然后将他幽禁起来，逼他拿荆州来交换，这样不费一兵一卒就可以要回荆州了。"孙权一听十分高兴，马上派人前去荆州说亲。

刘备也是聪慧之人，一下子就看出这是骗局想要拒绝，但是诸葛亮却笑着说："主公怎么能放着好妻子上门不要呢？主公放心和赵云前往东吴，我自有方法保您和夫人一同归来。"刘备向来对诸葛亮又敬佩又尊重，自然是答应了。

离开的时候，诸葛亮给了赵云三个锦囊，说："这里各有一条妙计，到南徐的时候可以打开第一个，等到年底打开第二个，第三个要到危急的时候再打开。"

赵云领命而去，到达南徐的时候就打开了贴身的第一个锦囊，看过之后立即命令士兵们去商店购买结婚需要的东西，并且到处宣扬说刘备要和孙权妹妹成亲了。赵云又劝说刘备去拜见当地的乔国老。事情自然通过乔国老传到了吴国太那里，吴国太听说之后把孙权召来大骂一顿："男女婚嫁这样的大事，我这个做母亲的怎么都不知道？"骂完之后决定安排在甘露寺相亲，吴国太一看到刘备长得仪表堂堂，就非常乐意将女儿嫁给他。生性孝顺的孙权怎么可能不依母亲的心意，这下不是假戏真做，而是孙权不得不嫁妹妹了。孙权只好一面操办，一面命人把这个消息告诉在柴桑的周瑜。

周瑜听说之后虽然心中不忿，但是一计不成又生一计，写信劝孙权，说刘备出身辛苦，一直都没有真正地享乐过，不如大摆筵席，用声色犬马迷惑他，让他没有回归的意愿。到时候再出兵攻打荆州将其夺回。孙权再次依计而行。

果然不出周瑜所料，新婚之后的刘备非常迷恋这里的甜蜜生活，暂时并不想离开。赵云几次劝告都没有效果，思考着已经到了年底，就赶紧打开第二个锦囊，随后对刘备说："曹操已经整顿五十万大军准备报赤壁之仇，荆州恐怕撑不住，主公赶紧回去吧。"刘备一下子从享乐之中清醒了过来，将实情告

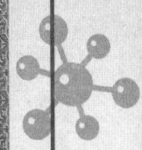

119

诉了夫人，孙权妹妹果然同意和刘备一起回去。

刘备担心孙权阻止，不知如何是好，还是夫人开口说道："我们假装要到江边祭祖，趁机离开就好。"第二天二人出了城，迅速赶路准备离开，等到孙权知道的时候他们已经走了很久了，孙权只好先后派两批人马前去追赶。刘备一行人快到柴桑的时候，就被周瑜的一支军队拦住，形势十分危急，于是赵云打开了最后一个锦囊给刘备看。于是刘备便将孙权、周瑜想要利用夫人用美人计诱杀自己的事情哭诉一番。夫人大怒，对追赶的将军大声斥责，将军们不敢得罪孙权的妹妹，只好放刘备离开。

眼看着就要赶到荆州，这时周瑜竟然率领战船追赶而来，诸葛亮忙接应刘备一行人上岸。周瑜追上岸来却不料遭到关云长、黄忠和魏延早早设下的埋伏，急急返回。

岸上刘备的军队都大声喊道："周郎妙计安天下，赔了夫人又折兵。"周瑜被气得晕了过去。

问题和思考

你知道诸葛亮是怎样判断刘备未来的处境，并写下三条锦囊妙计的吗？

答案和解析

这自然要归功于诸葛亮的深谋远虑，运筹帷幄。刘备能够识破这个骗局，诸葛亮也自然知道，但是他料定孙权没有告诉母亲，因此在第一个锦囊里让赵云安排人大肆宣扬使得吴国太知道，这样假戏自然只能真做，夫人自然是得到了。然后他又判定周瑜会想要麻痹刘备，所以用曹操来刺激他，时间之所以设计到年底，是因为这段时间可以给刘备足够的时间建立与夫人的深厚感情，让夫人帮助刘备逃脱。至于最后一条妙计，相信大家都明白了，吴军没人敢顶撞伤害孙权的妹妹，所以靠她来通行再好不过了。

锦囊妙计妙就妙在诸葛亮根本不在现场，而且预知的还是一年后的事情，所以才能称之为奇迹，这些都是深谋远虑才能得出的判断。

贾诩神断退敌军

建安三年，曹操假借天子的命令，兴兵讨伐南阳的军阀张绣。张绣不是曹操的对手，于是退兵到南阳城内坚守。南阳城易守难攻，粮草守备充足，曹操几次攻打也没能拿下。心情焦躁之下，他亲自骑马围着南阳城转悠，三天之后，他终于发现了张绣的破绽。东南角的城墙，砖石颜色新旧不一，鹿角也大多损坏，曹操藏起内心的喜悦，传令士兵们在西北角堆积柴薪，召集将领，做出一副想要从西北方向攻克南阳城的样子，暗地里却秘密调动军队准备从东南角攻城。

这是典型的声东击西之计。张绣虽然没看出来，但是也觉得十分奇怪，就问谋士贾诩。贾诩笑着说："曹操绕着城看了三天，我也观察了他三天。他声东击西的计策我都明白，我们可以将计就计，一定可以获胜。"

张绣疑惑地问道："先生何出此言？"

贾诩解释道："我在城墙上观察到曹操对南阳城东南角的城墙观察得十分仔细，就知道他肯定已经发现这里是我军守备最为薄弱的地方，所以打算从这里进攻。但是他明着却在西北城脚做出攻打的架势，就是为了诱骗我军将主力放在西北方向守卫。他就可以趁夜从东南角突击进入城内。"

张绣恍然大悟，忙问道："那我们怎么办呢？"

于是贾诩将自己的计策说了出来："将我军的精锐士兵集结起来，饱食轻装，扮成百姓，藏匿在南阳城东南角的房屋之中。而百姓们，则让他们扮成士兵的样子，集结到西北方向，摆出全力防守的样子。等到曹军趁夜来袭的时候，埋伏好的士兵就可以将他们一举拿下。"张绣采纳了贾诩的计谋。

曹操这边也有密探将张绣集中兵力到西北城脚的事情——回报，曹操听了自然十分高兴，认为自己的计策成功了。于是他更加放心大胆地命令士兵们秘密准备好攻城的工具，依计在白天假装攻打西北角，到了晚上二更的时候，命令精锐主力悄悄从东南角爬上城墙，城内固然毫无动静，曹军一拥而入，准备大战一场。但是忽然间响起炮声，张绣埋伏好的精锐部队冲杀而出，曹操始料未及，只能慌忙退兵，但还是损失了五万多人，失去的辎重更是无法计算。

这边曹操失败之后，刚好得到袁绍要攻打徐州的消息，于是马上传令全军回师。张绣得到密探的回报，马上准备亲自率领士兵前去追杀，贾诩劝说道："现在追杀的话，我军必败无疑。"张绣原本还在犹豫，但是旁边的刘表却说："这是千载难逢的时机，如果现在不追杀曹操，恐怕日后再也没有机会了。"于是张绣不顾贾诩的劝阻，和刘表一起联军追杀曹操，追赶十余里之后才赶上曹操后卫，才一交战，果然大败。

张绣十分懊悔，马上赶来向贾诩道歉。没有想到贾诩却笑着说："现在我们可以重整旗鼓再去追杀曹军了，这一次必胜无疑。"张绣和刘表都十分诧异，贾诩却十分坚定。刘表不信，张绣只好亲自率领本部的军队前去追赶曹操，没想到，这一次曹军果然大败，张绣所得辎重战利品无数。

问题和思考

张绣和刘表都十分奇怪，纷纷问贾诩是怎么判断的。你们知道吗？

答案和解析

关于之前贾诩看到曹操声东击西之计，将计就计的故事相信大家都看明白了，在第二章里我们讲述了很多声东击西取得成功的例子，但并不是说所有的声东击西都可以使对方错误的判断。在这个故事里，贾诩就没有因为对方的迷惑做出错误的判断，而是选择了将计就计，这也是我们平日里做判断的智慧之一，大家一定要好好体会哦。

再说张绣和刘表的问题，相信也是大家关心的。其实道理十分简单，张绣和刘表虽然也都很会用兵，但是却不是曹操的对手。曹操能够想出声东击西的计策并且取得当时的成就，可见他对兵法的精通，一般在回师的时候会留下精兵殿后。第一次追击的时候，虽然所带的士兵都是精锐，但是却无法抵抗曹操留下的精兵，所以必败。第二次，曹操急于收兵肯定是因为发生了新的状况，因此在打退了张绣和刘表的追兵之后，就会选择轻车简从火速回师。所以二次追杀是攻其不备，因而必胜。贾诩被称为"神断"，其实从两个故事里就可以看出他太会深谋远虑了，任何一个小的细节也不会忽略，任何一个需要考量的角度都不会忘记，所以才能够做出正确的判断。

6 曹玮坐等敌人

不知道大家有没有听说过曹玮，他是北宋名将，和岳飞相像的是他也非常擅长防御外寇。那时，西夏的军队经常骚扰北宋的边境，百姓们苦不堪言，皇帝了解了这个情况之后，就派大将曹玮前去平定。

曹玮领了命带着士兵们急速赶往西北边境，但是西夏的军队早就知道曹玮的威名，怎么可能直接对抗。所以一般都是他们远远看到"曹"字的战旗就逃开了，但是等到曹军开始休息就再次出来骚扰百姓。

曹玮深知这样不是办法，自己不可能一直守在这里，一旦自己离开，这里的百姓免不得又要受苦。只有将他们完全引出来，一举歼灭，才能永绝后患。他暗暗地想了一个办法。

第二天，他与西夏人交战的时候仍旧和以前一样，自己这边刚刚开始胜利，西夏人就已经开始逃跑。于是曹玮装作骄傲自满的样子命令自己的士兵赶着牛羊辎重等战利品回城，这样一来，整个队伍都不能再保持之前的队形了，看起来极其混乱，不成样子。曹玮手下的几个部属看到这个样子十分担心，就对曹玮说："将军，牛羊在战场上什么用处都没有，不如我们放弃这些东西，好好整队回城。这样没有纪律地行进，西夏人如果来进攻就不好了。"曹玮却装作毫不在乎的样子，不予理睬。

西夏人的探子发现这个状况之后，觉得这是取胜的大好时机，就马上报告给已经撤退到了几十里外的西夏军队。听说曹玮因为贪图战利品导致军队不成规矩，西夏人马上决定回师偷袭。

曹玮的部队带着一堆战利品，行军很慢，曹玮于是吩咐大家在一处有利的地形停下休息，其实是为了反击西夏军队的进攻。西夏军队急急赶来，曹玮马上派人前去通报说："你军行军这么长时间，一定人困马乏，我曹玮生性磊落，不想乘人之危，所以给你们一段时间休息，稍后我们再决一死战，怎么样？"西夏军队听到这个消息都高兴起来，怎么可能不答应。又在心里想，这曹玮果然自负，竟然还给自己休息时间，就更加不把曹玮当回事了，就地休息起来。

过了好久，曹玮才再次派人前去通告："既然你们休息得差不多了，就放马过来一战吧。"于是双方对阵，击鼓出兵，才一个回合下来，西夏军队就被打得溃不成军，短时间内是不可能休整回来了。这时候曹玮才命令士兵们放弃战利品，迅速整队回营。

问题和思考

曹玮手下的部属很是困惑，你知道曹玮的判断过程吗？

答案和解析：

曹玮和西夏军队交战过后就知道他们疲惫不堪，因此故意装作贪图小利的样子，知道他们肯定不会放过自己部队松散的这个契机。果然西夏军队上当了，开始回师追击，这样一来，差不多又要走上近百里路。但是这个时候他们的士气还是很旺盛的，如果立即交战，胜负尚且未知。所以曹玮给他们时间休息，从近处看，好像是在给对方休整的时间，如果大家能够从长远处看就会明白曹玮判断的深意。长途跋涉的人十分困顿。但是还能坚持，如果这个时候放松警惕稍稍休息一下，本来绷紧的神经一旦松弛，了马上就会感觉下肢麻痹，站都无法站稳，更不要说鼓起士气作战了。正是这样，曹玮才取得了胜利，也为边境人民赢来了长时间的安稳生活。

徐渭送船

明朝嘉靖年间，倭寇时不时地骚扰明朝边境，让人十分困扰。有一次倭寇窜扰了绍兴，被当地的一个农民引到了化人滩。化人滩是什么地方呢？这里两边平地上长满高而长的野草，四周则是又深又宽的大河，当地人在化人滩的南北两头用石头筑起高高的石桥，使它可以连通到舟山和河桥。但事实上这里不过是一条狭长的孤岛，因此当那个农民把倭寇引到这里之后，立即将南北两座石桥拆断，将倭寇和农民困在了化人滩上。

倭寇们看到石桥被拆断无法进退，就知道这是当地人的计策，因此狠心地将那个农民杀掉了。当天夜里，村民们将这件事情报告给了绍兴的总兵俞大猷，俞大猷立即亲自率领水军前去化人滩围剿倭寇。但是这群倭寇十分狡猾，他们在化人滩高高的野草中隐藏了起来，等到官兵来到就突然跳出来击杀官兵。官兵刚刚撤出化人滩，他们就开炮炸沉官兵的战船。如此几个回合下来，没有防备的明朝军队竟然被击沉了好几艘战船。俞大猷只好暂时下令退回城中，想办法另行出击。

正在俞大猷一筹莫展的时候，忽然有人前来报告说杭州都督府胡宗宪幕僚、秀才徐文长求见。俞大猷一听十分高兴，他知道徐文长非常有才华，能够深谋远虑，之前几次抵抗倭寇的战争，都是靠他的计策才能够取胜。于是立即有请徐文长，徐文长也正是为了此事而来，一会儿工夫，他们就已经定下了攻破倭寇的计策。

再说化人滩这边，一天很快就过去了，倭寇们虽然依靠着有利地形得以藏身，但是化人滩上除了野草再也没有其他东西，倭寇们早就已经饿得不行了。没想到黄昏的时候，突然有一个倭寇发现从东面漂来三条空船，这下子他们可高兴了，认为是老天相助，终于可以脱困了。等这三条小船刚刚漂到岸边的时候，倭寇们便迫不及待地跳了上去，准备划船逃离此地。

很快，这三条装满倭寇的大船划到了舟山附近的宽阔江面上，倭寇们正暗暗合计着不出两天时间就可以返回舟山了，没想到，船刚刚行驶到最为宽阔的江面上时突然杀声四起，一只只载着官兵的小船从四面八方划了出来，将三条大船层层围住，并不接近。倭寇们本来想要开炮，但是奈何周围都是小船，目标太过分散；想要厮杀，但是对手根本就不近前。唯一能够选择的办法就是加快划桨的速度，向东方逃跑。但是那些小船仍然紧追不放，虽然不进攻，但是却搅得倭寇们十分心慌。倭寇们的大船吃水要比小船多得多，所以速度上自然是无法匹敌的，见到小船紧追不放，本来就十分心慌的他们突然发现自己的船底竟然开始漏水了，一会儿的工夫，小半个船底就都被水浸湿了。

还没有缓过神来的倭寇们眼睁睁地看着船沉了下去，而那些原本只是围着的小船也一下子围了过来，很快就将这些倭寇们歼灭了。

问题和思考

你知道这是怎么回事吗？猜猜看徐文长提出来的破敌之计是什么？

答案和解析

大家应该可以猜到这犹如从天而降的三条大船其实是徐文长设计送给倭寇们的，他料到倭寇们被困在化人滩上必然饥饿难耐，看到船一定会登上，却没有仔细检查，这些船的船底早就已经设置了几个大木塞，不拔掉的时候没有问题，一旦拔掉船就会迅速沉没。考虑到倭寇们喜欢炮轰和近身搏击的战术，他安排了小船们在开阔的水面上围追堵截却不进攻，给倭寇们造成心理压力，使他们疏于其他的防范而一心想要逃跑。这时候当地熟识水性的百姓就潜入水中将大木塞拔掉，如此而来，倭寇们就必败无疑了。这些计策可以说一环扣着一环，没有深谋远虑的思考是无法想出这样的计策的，而往往也是这样的计策最容易打败对方，所以大家在生活中也一定要多多深谋远虑啊。

连环三计保城池

春秋战国时，楚怀王驾崩之后需要太子回国继承王位，这原本是件非常合乎情理的事情，但是当时这位太子正被扣在齐国做人质。齐王趁着这个机会要挟他，要他割让楚国东边500里的土地给齐国，否则就不放他回国。太子急于回国继承王位，只好答应了这个条件。

这个太子就是楚襄王，他即位之后，召集手下大臣商讨的第一件事就是是否要割让这500里土地给齐国。对于这个问题，大臣中存在着非常大的分歧，主要分为三种：第一种，主张信誉是最为重要的，既然答应了自然就要割让。第二种，齐国明显是乘人之危提出无理的要求，应该严词拒绝并派重兵坚守领地。第三种，其实给与不给最主要的问题是楚国无法与齐国抗衡，所以判断起来缩手缩脚，应该求救于盟国秦国，请求他们派兵增援。

楚襄王听了这三种意见之后也是不知怎样决定是好，于是请教慎子。没有想到的是，慎子听了这三种方法之后竟然告诉楚襄王三种方法都要采用，而这样既可以不失信于人，又可以保住自己的土地。楚襄王不解，慎子便将计策和他细细说明，楚襄王听过之后连连称妙，下令照办之后果然既保住了信誉又保住了土地。

问题和思考

你知道慎子的计策是什么吗？想想看如果是你的话你会选择哪种计策，或者你有什么更好的计策吗？

答案和解析

慎子的办法是，首先按照第一种方法派大臣到齐国割让土地，以表示自己国家的信誉。然后用第二种方法，派猛将坚决镇守自己的土地，拒绝交给齐国。齐王这时候定会十分生气，质问前来割让土地的楚国使者，楚国使者于是回答："楚王是非常遵守信用的，因此才派我前来割让土地，但是地方军官坚决抗拒却不是我能够把握的事情，既然他们拒不交出土地，您直接派兵攻打就好。"齐王听了之后，自然会出动齐军前去攻打，但这正好中了慎子的连环计，楚国已经按照第三种方法请来了强大的盟国秦国，由秦国阻拦齐国，当初他们阻拦楚国太子回国本来就是不对，要求割地是无理的请求，现在派兵攻打更是不仁不义。并向齐军发出最后通牒，如果不退兵，就人人得而诛之。齐王自然不敢与强大的秦国相抗衡，只好退兵了。慎子将三种看似矛盾的计策连环起来使用，正是因为他料到每种方法的后果，并加以利用。正是这种深谋远虑保住了面子和城池，不知道你们有没有更好的办法呢？

9 萧何月下追韩信

听过汉朝历史故事的人一定没少听过韩信这个名字,他带兵打仗总是料事如神,使用兵法更是出其不意,辅助刘邦成就了一番伟业。但是,韩信的一生其实是非常坎坷的,他最初投奔项梁,却一直默默无闻,划归给项羽之后,虽然有了郎中的官职,但是自己的计策却屡屡不被采纳。于是韩信脱离楚军转而去投奔刘邦,但也不过是一个负责接待的小官。就连当个小官,都被牵连进了一场案子,判处了死刑。

韩信当然没有被处死,而且还遇到了懂得深谋远虑的萧何。原来韩信在行刑之前对着当时监斩的滕公说:"汉王不是想要得到整个天下吗,为什么还在这里斩杀可以打天下的壮士?"滕公见他面对死亡毫不畏惧,气宇轩昂,就将他无罪释放并推荐给了汉王刘邦。刘邦虽然给他封了官,并不认为他是个人才。

就在这时,韩信遇到了萧何,也就是后来和他一起辅佐汉王的丞相。萧何多次和韩信聊天,他深深地感觉到韩信是个与众不同的将领之才。所以多次向汉王推荐,但是刘邦仍然没有重用韩信。于是,在部队过河的时候,很多来自南方的将领都逃跑了,韩信也趁乱离开了。

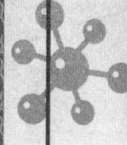

没想到萧何听说之后，并没有禀告汉王就亲自去追。军中不知情况的人报告汉王说丞相萧何也跑掉了。刘邦一路走来，萧何是他最重要的一位谋臣，如今萧何跑掉，就如同失掉了手足一样伤心难过。没想到，过了一两天，萧何竟然又回来了。汉王虽然很高兴，但还是摆出生气的样子问："你为什么逃跑？"

"我不是逃跑，我只是去追逃跑的人。"萧何坦然地说。

汉王心里舒服了很多，便问："是谁竟然让你亲自去追？"

"韩信。"

汉王听到这个回答一下子又生气了，他骂道："军中跑掉了许多军官，你都不去理会，偏偏去追一个名不见经传的韩信，你这分明就是在说谎！"

萧何却不慌不忙地说了自己的理由。汉王听了之后，思考一会儿，决定拜韩信为将军。又听从萧何的建议，选取吉日，沐浴斋戒，命人在军中搭起高台，将任命大将的仪式全部都按照最好的规格准备。军中的军官都在猜测谁会被任命为大将，谁也没有猜到原来是韩信。但也正是因为有了这样一场"萧何月下追韩信"的故事，才成就了汉王的千秋伟业，当然还有萧何和韩信的千古佳名。

问题和思考

你知道萧何是如何向汉王解释自己做出这样判断的原因的吗？如果是你，你会怎样说服汉王呢？

答案和解析

原来萧何问汉王的是"仅仅想做一个汉中王,还是想要得到整个江山,成就霸业呢?"汉王自然是胸怀着很大抱负的,所以萧何就开始阐述,如果仅仅是要成为一个汉中王,韩信也许微不足道,但是想要一统江山,就必须要靠韩信。韩信有满腹的兵法谋虑,是难得的将才。而且他一直不被重用,那些没有重用他的人不是死亡了就是衰败了,但是韩信却一直在不断地重新选择投奔的对象,这说明他同样怀有远大的抱负,希望能够遇见可以赏识自己的明主。如果汉王诚心拜韩信为大将,就一定可以打下江山。萧何的深谋远虑在这件事情里得到了最完美的体现,也正是这种能够从过去和现在的情况分析,进而判断出未来走向的深谋远虑让他"追"回了一匹千里马。你试过用这种深谋远虑的方式去做判断吗?

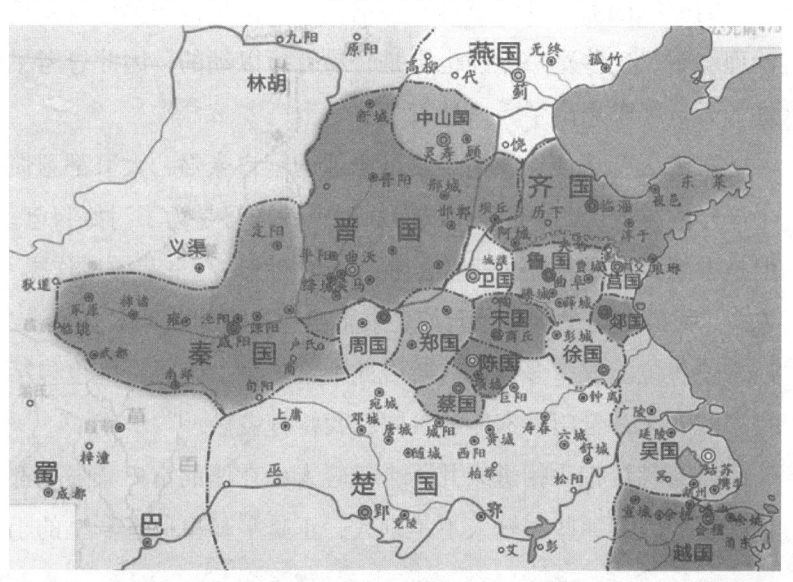

设宴款待小偷

北周时期，北雍州因为地处荒野，所以有很多盗贼，而且常常发生一些大案，当地治安很差。当时的刺史韩褒上任之后，首先考虑的就是治理盗贼。他放下做官的架子，深入民间，秘密在百姓中探访，发现原来很多大案竟然是当地的一些富户豪强所为，而俗话说"强龙敌不过地头蛇"，上几任刺史大概也是因为惧怕这些地头蛇，不敢真正治理盗贼，所以才使得这个地方的盗风四涨。韩褒虽然不害怕报复，但是他知道想要真正治理盗贼，这些富户豪强也不是轻易就可以动的，因此思考了好几天，终于想出了一条计策。

第二天韩褒便广发请柬宴请当地的富户豪强，大家都习惯了这样的方式，以为韩褒和以前的刺史一样只是为了讨好自己。但是没想到的是，酒过三巡之后，韩褒突然站起来恭敬地作揖，说："我虽然是个刺史，但却是书生出身，刚到此地多有不懂，还希望各位能够多多帮忙。听说此地案多发，为了百姓也包括大家的安全，希望大家能够共同帮我督查盗贼。"

说着韩褒拍手招进来几十个年轻人，在座的富户豪强全都惊呆了，因为那些年轻人不是别人，正是平日里危害乡里的小偷之类的人。刚刚还轻松的气氛一下子就紧张了起来,大家都不知道韩褒究竟在想些什么。

韩褒却对这些年轻人笑脸相待,更是将这些小偷都请入席中一同用餐。韩褒又说:"我对督查盗贼之事是真的不大清楚,所以今日宴请诸位有一事相求,希望能够从今以后,按地区将各地划分成分管地段,有该地段的富户豪强担任主帅,在座的年轻人作为配合的捕头。实行包干制度,如果分管地段发生案件必须破案,否则按故意放纵盗贼论处。"

这一段话说得不卑不亢,令全场大惊,大家原本还不清楚韩褒葫芦里卖的什么药,这下更不知所措了,纷纷交头接耳起来。

韩褒静静地等待,果然,过了一会儿,就有一个代表上前来诚惶诚恐地对韩褒交代了原来所做过的大案是自己等人所为,保证之后不会再犯。韩褒于是取出纸笔,让他们将作案的同伙也一同写出,整理成册,却并未责罚这些人。

第二天街上出现了布告,上面清楚地写着:"过去曾经盗窃过的人,赶紧前来官府自首,可以立即免除他的罪过。如果本月内仍然不来自首,本人弃市,妻子和女儿赏给那些先行自首的人。"

布告一出,效果非常好,十天之内,全部的盗贼已经自首完毕,与名册上的不差分毫。韩褒也非常守信用没有追究任何人的罪过,给了他们改过自新的机会。这些盗贼对韩褒的手段很是忌惮,之后全都不敢再犯了。

问题和思考

你知道韩褒是怎样想出这个妙计的?想想这个计策究竟妙

在哪些地方。

答案和解析

　　之前我们讲过反向判断的故事,可能大家觉得这个故事里韩褒也利用了这样的判断方法。但是,我们静下心来认真思考就会发现在这里面深谋远虑的成分更大一些。韩褒经过明察暗访,早就已经摸透了盗贼的真面目,但是却忍而不发,正是因为用长远的眼光考虑,很容易就可以想到盗贼势力颇大,硬碰硬的话不但可能无法将盗贼全部缉拿归案,还可能激怒他们进一步犯案。

　　所以有时候,深谋远虑意味着做判断解决问题的时候更倡导疏通而不是一味地阻挡,效果会更好哦,大家在生活里也可以试试。

刘备三顾茅庐

听说过三国时期历史故事的人，就一定不会忘记一个人的名字，那就是诸葛亮。他料事如神，运筹帷幄，常常足不出户就可以指挥军队取得胜利。更重要的是，他对刘备真正做到了鞠躬尽瘁，死而后已，因此赢得了后人的尊重和称赞。

但是在最初，诸葛亮并不是追随着刘备的。他只是一介布衣，在隆中过着隐居的生活，虽然对天下大事见解独到，但是并未辅佐任何人。

官渡大战刚刚结束后，战败于曹操的刘备没有办法，只能投靠刘表。但是曹操也没有因此彻底地放过刘备，他知道刘备手下有一个得力的谋士叫徐庶，就希望令他为自己所用。曹操知道徐庶是个孝子，所以就对外谎称说徐庶的母亲生病了，让徐庶立即赶回许都。徐庶虽然怀疑这是曹操的阴谋，但是害怕母亲真的生病，只能赶回去，临走的时候，徐庶向刘备推荐了诸葛亮，他早就听说诸葛亮是隆中的奇才，因此对刘备说只要能够取得诸葛亮的帮助，天下就一定唾手可得。

刘备向来爱惜人才，听了徐庶一番话之后的第二天，就和关羽、张飞一起带着礼物去隆中拜访诸葛亮，希望能够请他出山。但是刘备一行却扑了个空，书童说诸葛亮已经出游，而且无法得知归期。刘备没有办法，只好回去了。

　　过了几天，下了大雪，刘备认为诸葛亮肯定会在家，于是就再次和关羽、张飞一起带着厚礼前去拜访。远远地刘备就看见一个青年正在读书，以为就是诸葛亮本人，因此连忙过去行礼。但是那个青年其实只是诸葛亮的弟弟，诸葛亮早就已经被朋友邀请走了。刘备虽然失望，但是求贤若渴的他并没有表现出任何不满，而是留下了一封真挚的信，在信中表明自己非常希望能够得到诸葛亮的帮助，得到整个天下。

　　信件虽然留下了，但却一直没有回音。刘备也不灰心，而是在临近新年的时候选取了一个吉日，再次来到隆中拜访。这次的确没有扑空，但是书童却说诸葛亮刚刚睡着。刘备只好让关羽、张飞在门外等候，而自己也在门外的台阶下静静地站着等候。关羽和张飞本来就是带兵打仗的人，性格火暴，对前几次前来拜访却没有见到人本来就心中有气，再看到自己的大哥这般低声下气的样子心中自然十分不满。张飞甚至大声说道："既然他在睡觉，那我去后院放把火，看看他还睡不睡得这么安稳！"但是都被刘备斥责了。刘备一直恭恭敬敬地在台阶下等候，很长时间之后，诸葛亮终于醒来了，刘备便恭敬地向他请教平定天下的方法，恳请他出山相助。

　　诸葛亮此时毫不推脱，而是给刘备清楚地分析了当今天下的形势，并对刘备说："曹操现在在北方占尽天时，孙权在南方也是占尽地利，而将军则可以趁此占尽人和，拿下西川，从而与曹操、孙权成三足鼎立之势。"

　　此后，诸葛亮便追随刘备，并真正辅佐刘备取得了三足鼎立之势，也有了后来许许多多关于他们的历史故事。

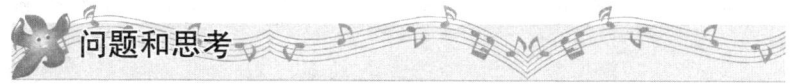

问题和思考

听了这个故事,你思考过刘备为什么会做出多次请诸葛亮出山的判断吗?诸葛亮又是怎样做出答应刘备的判断的呢?

答案和解析

相信大家或多或少都猜到了一些,诸葛亮明明是一个隐居的人,却能够得到多人的推荐,就说明了他的能力。刘备两次请诸葛亮,虽然都没能见到本人,但是也没有收到任何回绝的话,这就说明请诸葛亮出山相助是有可能的。对方既不推脱也不主动联系,也说明他能力果真如众人所说的超群。两次避而不见很可能是对自己的考验,所以刘备一次比一次正式和恭敬,果然求得了诸葛亮相助。而诸葛亮之所以做出帮助刘备夺取天下的判断,正是从他三顾茅庐之中看到了刘备对平定天下的野心和意志,看到了刘备对人才的谨慎和恭敬,这说明刘备身上具备一个成就霸业的人的素质,也可以成为自己愿意辅佐的人,所以才在刘备第三次到来的时候做出了答应他的判断。小小的一个故事,其实蕴含了很多的道理,尤其是深谋远虑的智慧更是无处不在,不管是刘备还是诸葛亮都没有将眼光局限在当时当地,而是向更远处思考才做出了正确的判断,你学会了吗?

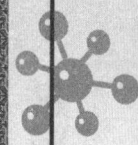

管鲍之交

即使是在战乱不断的年代里,也总是有很多感人的故事流传下来,中国有句古话"士为知己者死",高山流水是,鲍叔牙和管仲也是。之前我们曾经讲过管仲的故事,但是很多人不知道真正成就管仲的不是他自己,而是鲍叔牙。他们之间的友情除了创造齐国霸主的地位之外,还让鲍叔牙善于深谋远虑的智慧在历史上熠熠发光。

公元前686年,依旧是战乱的一年,这一年齐国的内乱更加严重,齐襄公被杀之后,国内无主。偏偏这个时候有继承资格的公子纠和公子小白都在国外,所以两个人都带兵以最快的速度赶回齐国。这明显就是一次赛跑,谁先抵达谁就能够继承王位,成为新一任国主。这时候的管仲还在公子纠的手下做事,他明白只是争取时间也不保险,于是就在双方相遇的时候,管仲拿起身边的弓箭瞄准了公子小白,判断对方死去之后才离开。但是没有想到的是,那一箭只是射中了公子小白身上的铜质带钩,公子小白只是诈死,之后他在鲍叔牙计谋的帮助之下,克服了重重障碍,日夜兼程抵达都城临淄,得到了当时包括高傒在内的很多朝廷重臣终身的拥戴,成为后来历史上非常有名的齐桓公。

这个时候失掉了戒心的公子纠一行在鲁庄公的护送下才刚刚赶到乾时，齐桓公即公子小白亲自率领军队前去攻打，鲁军不敌，失去了大片的土地，公子纠也死在了战场。管仲也就因此被带回了鲁国。

鲍叔牙得知之后特别担心鲁国会杀害管仲来向齐国谢罪，便暗地派人到鲁国说："管仲曾经用箭射伤齐桓公，齐桓公耿耿于怀，一定要亲手杀死他。"鲁国刚刚战败，正不知道如何向齐国请罪，听说了这个消息之后就马上用囚车将管仲送回了齐国。齐桓公当然不会忘记当初的一箭之仇，看到仇人被送回十分高兴。这时候刚好鲍叔牙前来，但出乎齐桓公意料的是，鲍叔牙贺喜道："管仲是天下难得的奇才，齐国能够得到他，真是可喜可贺！"

齐桓公听后大怒，表示自己对管仲是恨不得食其肉寝其皮，根本不可能放过他。鲍叔牙进一步规劝："管仲是百年难遇的人才，如果你不计较他过去的错误重用他，一定可以得到他加倍的忠心和感激，到时候他的全部才能都为你所用，甚至可以为你打下整个天下，这些又怎么能是那一箭可以比拟的？"齐桓公虽然心中愤恨，但也被说动了，答应暂时不杀管仲。

过了一段时间，齐国逐渐安定了下来，齐桓公想要拜鲍叔牙为相，鲍叔牙很恳切地推辞了，他意味深长地说："主公能够这样信任我，我很感激，但是主公的志向是什么呢？如果只是想好好守住齐国，的确有我和高傒在就可以了。但是如果想要得到整个天下，成就不世的霸业，就非管仲不可。"齐桓公终于妥协，决定试探下管仲的才能再委以重任，但是再次被鲍叔牙制止了。鲍叔牙说："对有才能的人，一定要用恭敬的礼节相待才可以，试探会使对方心凉。反过来，如果主公对管仲都可以礼貌周到，天下人必定会认为主公尊重贤士，到时候会有更多的人前来效忠。"齐桓公听后，终于从一己私怨中走了出来，亲自迎接管仲入城，并同乘一辆车，之后更是与管仲谈了三天三夜，相见恨晚。

管仲至此成了齐国的相国，在他的谋划之下，齐国的内政、经济和军事都得到了改善和发展，很快就富强起来。后来管仲更是辅佐齐桓公雄霸中原三十多年，成就非凡。而这一切都离不开鲍叔牙的竭力推荐。

问题和思考

你知道鲍叔牙为什么会多次推荐管仲为相国，甚至放弃自己的名利吗？

答案和解析

鲍叔牙在历史上原本就是个深谋远虑的人，所以想要知道他做出判断的理由就不能单单只从眼前事物着手。其实大家应该看得出来开始鲍叔牙让人去鲁国报信和之前我们说过的五张羊皮的故事很相像。对于后来他屡次规劝齐桓公，一是因为管仲确实是人才，对待他不能局限于曾经的敌对关系。二是如果重用管仲，一定可以拉拢到天下贤能之士的心，从而网罗更多的人才。其实，与其说是管仲成就了齐桓公的霸业，不如说是鲍叔牙成就了管仲和齐桓公的霸业。可见一些看起来出奇的判断其实是多么的重要。

木偶皇帝

中国有五千多年的文化，所以历史故事也格外多，大家有没有听过奴隶当上相国的故事呢？世界之大无奇不有，在历史上真的有这样一位相国叫傅说，他辅佐的是商朝的武丁。

傅说原本就是奴隶，虽然才华出众，也很关心国家的大事，有自己的见解，但这都无法改变他奴隶的身份。平时他都只是默默劳作，即使有满腹的谋略也从不随便说出。但是，后来他结识的一个杂役却不同，他常常在傅说的面前提起当今世道的黑暗，统治的无能等，傅说和他十分投缘，因此有些时候也就发表一下自己的看法。杂役久而久之慢慢地就了解到了傅说的才能，于是便对傅说说道："如果有一天我得到了天下，一定请你来和我共同治理。"傅说当时很不以为然，只是说："我们这种连自由都没有的人，哪里敢妄谈这种梦想呢。"杂役不再说话。

过了一段日子，国王驾崩了，同时杂役也突然间消失了。傅说虽然想不明白杂役为什么不告而别，也不知吉凶，但是自

己只是奴隶，没有办法，所以只能继续默默工作，一转眼就过去了三年。没想到，三年后的一天，一群达官显贵竟然前呼后拥地来到这里，见到傅说便拜倒在地，奴隶主更是被吓得脸色苍白，不敢说话。

相信大家也猜到了，当初那个杂役就是武丁，他是当时国王的儿子，但是由于父亲特别懦弱，没有主见，总是听信一些小人的谗言，最后竟然连自己都被放逐了，所以才沦落为杂役。父亲驾崩之后，武丁就接手了这个已经被父亲搞得千疮百孔的国家。

大家一定奇怪为什么中间有整整三年武丁毫无消息呢？这正是他的出奇之处。武丁刚刚即位的时候，整个国家千疮百孔，自己的根基也非常不稳，他一直都是有抱负的人，不希望国家在自己的手里继续衰败下去。因此他十分想要任命有见识的傅说成为自己的相国，发挥他的作用。但是一个根基不稳的国王要任命一个奴隶做相国，势必会引起非常大的争议，必须巧妙处理才成。

为了能够顺利拜傅说为相国，并且判断出朝廷大臣的好坏武丁想到了一个计策。一天，他特地宴请百官，饮酒吃饭得正高兴的时候，武丁却突然间昏倒在地。群臣惶恐，连忙请来太医诊治，但没想到武丁醒来之后却变得目光呆滞，而且连一句话也说不出来。朝堂之上一时议论纷纷，但是由于武丁虽然口不能言，但却依旧能够接受大臣朝拜，又是最有资格的继承人，所以也就继续做着国王。有一些大臣看到武丁根本没有能力处理事务，也不能开口下令，就觉得汇报和

请示只是形式，应付下就好。就这样，武丁整整做了三年的木偶国王，许多大臣也都习惯了无拘无束的生活，国家没有变得更坏但也没有转机。

有一日大臣参拜的时候，武丁突然开口对大家说："我这三年一直在太华山上接受天帝的教导，他告诉我务必要亲近贤人远离小人，对国家尽心尽力，废除那些对国家不好的法律而建立好的。同时，天帝还告诉我他为了磨砺一个叫傅说的圣人，将他贬到了傅岩做奴隶，这个人正是能够帮我富强国家的人，你们速速把他请来。"武丁病得奇怪，好得也奇怪，大臣们听说原来这是天帝之命，就马上诚惶诚恐地去办了。

所以也就发生了前面我们讲到的那段。傅说被接回，武丁立即拜他为相国，并将来龙去脉交代清楚，请求他帮自己治理国家。傅说做梦也想不到会有这样的机会，自然感激涕零，愿意为武丁鞠躬尽瘁。武丁又将三年来他暗暗观察的那些尽忠职守的大臣们提拔重用，将那些无所事事甚至擅离职守的大臣们革职查办，又按照傅说的建议废除奴隶法，制定新的法律，一时间举国欢庆，商王朝也很快就在武丁和傅说的努力之下变得繁荣起来。

问题和思考

其实这种繁荣与其说是傅说的才能，倒不如说是武丁做了三年木偶皇帝的深谋远虑，你知道他是如何考虑和判断的吗？

答案和解析

　　武丁上位之后自然十分想立傅说为相，但是他判断出大臣们一定会阻挠自己，想要打破原有的规矩代价很大。这时候借助天帝之说就可以很有效地达到效果。为了让效果更真实，也为了能够真正辨识朝中的有用之臣和无用之人，傅说选择做了三年木偶皇帝。这种判断能够卓有成效的原因就是他让大家放下了戒心，表露出了本性，这样自然而然地就可以看到以前无法看到的真相。三年的木偶皇帝，表面武丁是用这个判断换来了傅说这个贤相，事实上也换来了整个商王朝的转机。想要成大事的大家也一定要好好学习和应用这种深谋远虑的判断哦。

14

曹刿论战

公元前684年,依旧是战乱不断的一年,很多弱小的国家都与强大的国家签订盟约以求自保。但是也不缺令那些突然背弃盟约,攻打吞并弱小国家的例子。齐国就撕毁了当时与鲁国的盟约,起兵侵犯。但是即使是最弱小的国家,也不乏贤能之人,在弱小的鲁国,有一个相信大家都耳熟能详的人——曹刿。

有时候一个人的确可以扭转一场战争的胜败。

齐国大军来犯,鲁国原本就是小国,鲁庄公只好御驾亲征,而曹刿正是这场战争里鲁庄公的参谋。两军在长勺相遇,刚一相遇,齐军就整齐地摆开了阵列,只等着战鼓擂响,号令下发。果然,只一小会儿的工夫,齐军就已经战鼓齐响,杀声震天,齐军随着鼓声冲了过来。鲁庄公自然也想要下令擂起战鼓迎击,但是没想到被曹刿制止了。曹刿劝说道:"敌人现在锐气正盛,我们绝对不可以急躁,严阵以待最好。"鲁庄公于是命令士兵们摆好阵列,不能有丝毫放松。

冲锋过来的齐军发现自己的冲锋没能冲垮鲁军的阵列,对方看起来也不像是要进攻的样子,只好退回。不久,齐军再次

擂起战鼓冲锋，鲁军依旧按照曹刿的吩咐岿然不动，有了上次的经验，反而更加坚固了。齐军那边也没有就此退下，而是再次响起了战鼓，齐军跟随战鼓的声音喊出杀声，料定鲁军不敢迎击，看起来昂扬的斗志无形间已经有了松懈。

这时候曹刿却对鲁庄公说："是擂鼓出击的时候了。"鲁军的战鼓声第一次响了起来，蓄势而发的鲁军已经隐忍了很久，早就积攒了足够的力量，一听到鼓声就像猛虎一样冲杀过去。齐军突然看到这样的变故，一时之间没有反应过来，待到反应过来的时候才发现自己的队伍已经七零八散了，只好狼狈地逃了回去。

鲁庄公看到这个情景，想要马上下令追击，曹刿又一次制止了他，说："不忙，观察之后再定。"说完之后，他亲自跳下战车，检查地上齐军的马迹和车辙，再攀上战车，从高处眺望逃跑的齐军，然后才对鲁庄公说："请主公下令追击，一定要杀得他们片甲不留！"鲁军乘胜追击，果然俘虏了大批的齐军和物资。

问题和思考

庆功会上，曹刿自然是主角，鲁庄公对刚才的情况还有些疑问，便问道："刚刚我想要擂鼓出击，你为什么制止我，要在敌人击鼓三次之后才出击呢？我想要追击时，你也制止我，看过地、望过天之后才同意追击，这又是为什么呢？"大家是不是也很想知道曹刿如何做出这样判断的呢？你有没有正确的分析呢？

答案和解析

曹刿不慌不忙地给出解释：打仗的时候不管兵多还是兵少，能够决定胜负的往往是士兵的气势，当第一次击鼓的时候士兵的气势很旺盛，犹如猛虎扑食一般，这时只可坚守不可硬碰；第二次击鼓的时候，士兵的斗志已经开始衰落了；等到第三次的时候气势几乎都用尽了，士兵们精神疲惫，再好的战斗力这时候也发挥不出来了。而在对方士气枯竭的时候，我军却突然第一次擂鼓迎战，自然可以获胜。至于为什么不追击，齐军中也不乏高人，用兵本来就需要使诈，如果对方只是诈降，我们追击就很可能中了对方的埋伏。我下车看他们的车辙，发现很凌乱，又上车看他们逃走时的队形和战旗，发现的确已经混乱了，才确定他们是真的逃走，可以大胆追击。一席话说完之后，鲁庄公连连拍手称赞曹刿的深谋远虑。怎么样，大家都猜到了吗？

萧何收存典籍

我们之前讲述过萧何月下追韩信的故事,相信大家对萧何在看人、用人上的深谋远虑都记忆深刻。事实上,萧何不仅仅有着识人之明,更有着对事情最准确的判断,这同样也要归功于他的深谋远虑。

同一个时代,刘邦和项羽的故事也是家喻户晓的,不管是胜者还是败者,都成为历史的英雄,一直被传颂。秦二世二年的时候,项梁和项羽杀了当时会稽的郡守宣布起义,不久便召集了20余万兵马。也就在这个时候与差不多同他们同时起义的刘邦军队相遇,因为双方的目标都是攻下秦国,于是约定:项羽军队向北解救赵国,然后由北路向西进攻秦国,刘邦军队则从南路向西攻打秦国,双方谁先击败秦军抵达秦国的都城咸阳,谁就是关中王。

项羽虽然是难得的英雄,但是帐下能人不多,他自己又刚愎自用。而刘邦这边,靠着张良、萧何等人的谋划,避实就虚,各种谋略层出不穷,从南向西一路过关斩将,很快就抵达了秦国的都城。这时候刘邦可以说是势不可挡,后面有萧何坐镇,后勤粮草供应齐全；前有张良率领大军攻打咸阳城。在这种气势的威逼之下，秦王子婴设计杀死了赵高，将玉玺献给了刘邦。

　　刘邦军队自然十分高兴，多年的战争终于迎来了胜利，随着大军浩浩荡荡地进入咸阳城，军士们也纷纷被咸阳城内的巍峨宫殿、繁华街市深深吸引，有些忘乎所以，开始争抢金银财宝。就连沛公刘邦自己也不例外，他一有时间就跑到秦朝的那些宫殿里去四处张望，华丽的宫殿，奇异的摆设，大量的金银、奇珍异宝，还有数不清的美女令刘邦整个人都变得飘飘然了。长期战马颠沛的他竟然留恋起秦宫的富丽而舍不得离开，在这个温柔乡里醉生梦死起来。

　　刘邦的手下有一名大将叫樊哙，为人向来心直口快，见到这个情景之后推门而入，对刘邦说："沛公是想成为天下的霸主，还是想要成为一个富翁呢？你现在所留恋的这些富贵之物，正是造成秦朝灭国的祸根，难道沛公想要步秦朝的后尘吗？"其他清醒的将领谋士也纷纷规劝刘邦，刘邦这时候才醒悟到自己犯了多大的错误，立即下令查封金银财宝，并率领众将士返回霸上。

　　这时候大家才发现萧何不知道去了哪里。询问之下才知道，萧何自从进入咸阳城，既没有贪恋金银财宝，也没有对美女痴迷，而是急急地赶到了秦朝的丞相和御使的府邸，并下令士兵们包围府邸，不许任何人随意出入。

　　大家好奇地赶去，想要看看萧何究竟在那里做些什么。到了才看到萧何正在安排手下忠实可靠的士兵将收藏在丞相、御使府邸的国家户籍、地形图、法令典籍等档案一一清查，并分门别类记录在册。刘邦看到这个景象，既惭愧又欣喜，高兴地说："萧何果然是天下奇才，深谋远虑之道我远远不能及啊！"

问题和思考

你知道萧何为什么要收藏这些典籍吗？想一想这个故事哪里体现出他的深谋远虑令刘邦等人深深折服了呢？

答案和解析

原来，根据当时秦朝的制度，丞相是专门辅佐天子来处理国家大事的，而御使的职责则是对外监督各个地方的御使，对内接受公卿奏事的。几乎可以说除了军权，其他的一切朝政都掌握在丞相和御史大夫的手中。萧何对当时秦朝的制度自然是十分了解的。因此进入咸阳城后，他没有被眼前的金银珠宝和美色所诱惑，而是将这些秦朝的文书档案一一清点，这样刘邦就可以通过这些资料掌握各个关塞险要，各处人口强弱情况，甚至包括各地的风俗民情都可以了如指掌，方便日后入主关中时制定法律和政策。虽然现在还是创建政权的时候，但是萧何已经将眼光放远，为之后西汉争权的巩固打好了根基。所以刘邦才如此感叹萧何的深谋远虑。